Trennung und Liebeskummer überwinden

7 wirkungsvolle Schritte, wie Sie als Verlassener Ihr Gedankenkarussell stoppen und überraschend schnell neues Glück finden

Doreen Frei

Inhalt

Vorwort

Der Umgang mit Liebeskummer und der Verarbeitungsprozess einer Trennung variieren von Person zu Person. Nichtsdestotrotz lassen sich Verhaltensmuster ausmachen, die sich aller Individualität zum Trotz bei jeder Person ähneln. Auch die Denkweisen jeder unter einer Trennung leidenden Person überschneiden sich. Da es unleugbare Gemeinsamkeiten im Verarbeitungsprozess gibt, ist eine Grundlage für diesen Ratgeber geschaffen, der dir neben dem Weg aus dem Herzschmerz auch den Weg zum Glücklichsein weist – zu einem Glücklichsein, welches dir in dieser Intensität zuvor möglicherweise unbekannt war!

Da der vor uns befindliche Weg ein sehr persönlicher ist, fällt die gewählte Ansprache auf das „du". Denn je tiefer du in dein Innenleben eintauchen wirst, umso unangebrachter wird das distanzierte Siezen erscheinen. Es ist somit keine Entscheidung gegen den Respekt, sondern eine Entscheidung für eine respektvolle und dennoch menschliche sowie produktive Kommunikation miteinander. Beachte zudem, dass die bevorzugte Verwendung der männlichen Form der Nomen und Begleiter aus Gründen des Schreibstils gewählt ist. Selbstverständlich beziehen sich sämtliche Erkenntnisse, Ratschläge und Inhalte dieses Ratgebers sowohl auf Männer als auch auf Frauen.

Im ersten Kapitel untersuchen wir die theoretischen Grundlagen zum Verarbeitungsprozess des Liebeskummers. Hier lernst du gängige psychologische Modelle kennen, die den Weg von der Trennung bis zur Akzeptanz und Neuorientierung schildern. Mache dich dabei auf eine Überraschung gefasst: Denn tatsächlich gibt es keine existierenden Modelle zur Verarbeitung des Trennungsschmerzes, weswegen Psychologen Gebrauch von Sterbemodellen machen. Diese erweisen sich dafür als äußerst produktiv und zielführend. Folglich bilden sie die Grundlage für die folgenden sieben Schritte, die dir als Anleitung zum Wieder-Glücklichsein einen hilfreichen Dienst erweisen werden.

Als ersten Schritt bringen wir möglichst viele Fakten ein, indem wir die Beziehung und die Trennung analysieren. Zur Analyse erwarten dich mehrere Modelle und Anleitungen sowie eine Methode aus dem angesehenen psychologischen Modell NLP, um praxisorientiert verschiedene Blickwinkel auf die Bewertung des Beziehungsverlaufs zu gewinnen. Im Rahmen dessen wirst du sogar den Blickwinkel des Partners einnehmen. Durch den Einbezug verschiedenster Sichtweisen wird eine Faktenlage entstehen, die dir zeigen wird, wieso das Beziehungsaus unausweichlich war und das Beste für alle Parteien ist. So wird es dir leichter fallen, einen entscheidenden Schritt in Richtung Akzeptanz des Beziehungsaus zu machen.

Der zweite Schritt verhilft dir zu einem wiedererlangten und stark ausgeprägten Selbstwertgefühl. Mit diesem Schritt wirst du merken, wie du deinen Wert richtig einschätzt und ihn nicht von außen durch andere Menschen zu deinem Nachteil auslegen lässt. Denn jeder Mensch hat einen hohen Selbstwert, sofern die Bewertungskriterien fair ausgelegt werden. Lerne, wie du die richtigen Kriterien ausmachst und einen gewissen Mix dabei findest, dich durch deine Stärken zu motivieren und parallel an den eigenen Schwächen – die jeder Mensch hat – zu arbeiten. Kein Selbstwertgefühl darf durch eine Trennung untergraben werden. Du wirst deinen Selbstwert nach der Trennung definitiv beibehalten bzw. entdecken!

Mit dem dritten Schritt wirst du u. a. erkennen, dass auch dein Partner seine Schwächen hatte und du es nun genießen kannst, mehr Zeit mit deinem Freundeskreis zu verbringen und Wege zu gehen, die mit deinem ehemaligen Partner zuvor nicht möglich waren. Die ersten Vorteile des Beziehungsaus werden sichtbar – und es sind nur die ersten unter vielen Vorteilen! Mit der ersten Arbeit an dir und deiner Einstellung zum Leben wirst du deine Präsenz und Ausstrahlung optimieren und Altes durch Neues ersetzen, um die Vorteile wahrzunehmen.

Durch Schritt Nummer 4 wirst du dir die Belohnung geben, die du verdienst, weil du einfach einzigartig bist! All der Stress, der mit der Beziehung und deren Ende einherging, wird aus deinem Leben verbannt. Du erkennst die vielen Spielräume zur Verwöhnung des eigenen Körpers und Geistes, die du bereits mit einfachsten Mitteln verwirklichst.

Schritt 5 beschert dir Ratschläge und Anleitungen, um die eigenen Ziele festzulegen. Hierbei geht es wirklich um die **eigenen** Ziele! Bedeutet: Keine Kompromisse mehr, die du noch im Rahmen deiner Partnerschaft eingehen musstest ... Niemand, der dir reinredet und sagt, was du machen musst und wie du es machen musst ... Kein halbherziges Angehen der Lebenspläne, weil sie nicht deinen innersten Wünschen entsprechen ... Du wirst einen Weg der Selbstverwirklichung einschlagen, der dir neue Perspektiven und Freiräume verschafft, dein Leben mit Bekanntschaften bereichert und dir zeigt, wie wundervoll es ist, sich in Kreisen zu bewegen, mit denen du dich bis in die feinste Faser deines Körpers sowie Denkens identifizierst; das eben, was zuletzt in deiner Partnerschaft oder sogar nie wirklich in deiner Partnerschaft gegeben war. Schritt 5 holt den Großteil der Selbstlügen und Verleugnungen auf den Tisch und bringt dir die Erkenntnis, dass alles richtig ist, so wie es ist. Du gehst nun deinen eigenen Weg und bist auf einer Wellenlänge mit den neuen Menschen, die dir begegnen.

In diesem Sinne sieht der sechste Schritt Nachsicht vor; Nachsicht mit dir selbst und ebenso mit deinem ehemaligen Partner. Denn Schuldzuweisungen haben nach einem Beziehungsaus keinen Nutzen. Noch mag dir dieser Schritt unvorstellbar erscheinen, doch wenn du diesem Ratgeber folgst, wirst du dich charakterlich so weit entwickeln, dass du den tieferen Sinn in den Geschehnissen erkennen und die positiven Aspekte für dein Leben mobilisieren wirst.

Im letzten Schritt steht das Glücklichsein; ein Glücklichsein, welches ohne große Wunder im Leben auskommt, sondern vielmehr den Moment schätzt und sich von einzelnen Geschehnissen und Ereignissen wie einer Trennung nicht aus dem Gleichgewicht bringen lässt.

Verstehe die einzelnen Schritte nicht nur als Anleitung, um den Liebeskummer zu beseitigen, sondern auch als generelle Anleitung für ein selbstbewusstes und glückliches Leben – mit oder ohne Partner. Der Ratgeber wird dabei Themen anschneiden, von denen du dich nicht immer angesprochen fühlen wirst, weil du diese als deine Stärken erachtest oder denkst, sie würden nicht auf dich zutreffen. Dies ist dem Umstand geschuldet, dass jeder Leser andere Bedürfnisse hat. Habe Verständnis für die breite Ausrichtung des Buches, die dir dennoch bei deinen Anliegen ausreichend helfen wird.

Zu guter Letzt noch ein Hinweis, den du die gesamte Lesedauer über im Hinterkopf haben solltest und der über den Erfolg nicht nur dieses, sondern ebenso jedes anderen Ratgebers entscheidet: Die Dinge funktionieren nur, wenn du sie mit aller Hingabe ausprobierst, umsetzt und an sie glaubst! Nicht wenige Leser werden über die einzelnen Methoden und/oder Hinweise sagen, dass sie nicht funktionieren. Dies liegt aber nicht an den Methoden selbst, sondern vielmehr daran, dass man sich nach dem Beziehungsaus traurig, demotiviert und skeptisch präsentiert. Negative Emotionen sind der Ballast, der dich vom Erfolg abhält. Mache die Dinge, die dieses Buch nahelegt, im Rahmen deiner Möglichkeiten, aber nimm sie immer ernst und messe ihnen die Bedeutung bei, die sie für ein glückliches, zielgerichtetes und selbstbestimmtes Leben ohne Liebeskummer und Trennungsschmerz haben! Das Buch zur Seite zu legen und zu sagen „Das geht doch nie im Leben“ kann jeder. Doch wer kann seinem Leben die neue Richtung geben, die er sich nach einer Trennung erhofft? Nur jemand, der an sich selbst arbeitet. Und diese Arbeit erfordert keine großen Anstrengungen, nur den ersten Schritt ...

Viel Erfolg und Bereicherung beim Gehen dieses Schrittes und der vielen weiteren folgenden Schritte!

Trennung und Liebeskummer – beäugt, untersucht und verständlich gemacht!

Sobald eine Trennung erfolgt ist, trifft es den Menschen emotional. Von nun an ist alles bis zu einer Achterbahnfahrt der Gefühle möglich. Je nach Umgang mit dem Verlust machen sich im Denken, Verhalten und Handeln deutliche Unterschiede bemerkbar. Auch auf den Körper hat dies seine Einflüsse. So sind hormonelle Schwankungen nur eine Frage der Zeit, ebenso sind gesundheitliche Beschwerden möglich. Dieses Kapitel gibt einen Gesamtüberblick über die Trennung und deren Folgen aus verschiedenen wissenschaftlichen Sichtweisen und wagt einige Prognosen, wie der Trennungsprozess bei einzelnen Personen verlaufen könnte.

Herangehensweise der Psychologie: Welche Phasen werden nach der Trauer durchlaufen?

Die Psychologie hat für die Verarbeitung der Trauer bei Liebeskummer kein separates Modell geschaffen. Stattdessen macht sie Gebrauch von Phasenmodellen, die sich auf die Trauer im Sterbefall beziehen. Da sowohl Liebeskummer als auch der Verlust einer Person durch den Tod zwei Formen der Trennung sind und sich die Art und Weise der Verarbeitung durch den Menschen in beiden Fällen ähnelt, werden dieselben Phasenmodelle angewandt. Wie du im Folgenden merken wirst, hat dies durchaus seine Berechtigung. Unter den verschiedenen Theorien hat es das Modell nach Kübler-Ross, welches sich innerhalb der Phasen verstärkt mit den negativen Emotionen befasst, zu weltweitem Ansehen gebracht. Weniger bekannt ist das Phasenmodell nach Verena Kast. Dieses beinhaltet eine insbesondere in der letzten Phase positivere Wahrnehmung des Verarbeitungsprozesses. Im Folgenden werden dir beide Modelle vorgestellt. Von weiteren Modellen wird abgesehen, da sich sämtliche

Phasenmodelle in den Kernaussagen ähneln und hier ohnehin nur ein rudimentärer Einblick gegeben werden soll.

Phasenmodell nach Kübler-Ross: Das Phasenmodell mit dem negativen Beigeschmack

Elisabeth Kübler-Ross, eine Schweizer Psychiaterin und Sterbeforscherin, entwickelte 1969 im Rahmen Ihres Werks *On Death and Dying* ein Phasenmodell, welches den Umgang von Menschen mit Trauer beschreibt. Das Werk wurde unter dem Namen *Interviews mit Sterbenden* 1971 in Deutschland veröffentlicht. Schon der Name legt nahe, dass es sich ursprünglich nicht um einen Ratgeber zum Umgang mit Liebeskummer handelte, sondern um eine wissenschaftliche Analyse dessen, wie Menschen die Trauer um Verstorbene verarbeiten. Im Laufe der Zeit wurde das Phasenmodell allgemein auf Trennungs- sowie Trauerszenarien angewandt und wird es auch heute noch. Denn die zu durchlaufenden Stadien, so zeigt sich immer wieder, ähneln sich bei Trennungen jedweder Art (vgl. Lim, S. 12 f.[1]):

1. Verleugnung
2. Wut
3. Verhandeln
4. Depression
5. Akzeptanz

An fünfter Stelle steht somit die Akzeptanz, die das Ziel der Trauerbewältigung ist. Doch bis dahin finden wechselnde Gefühlszustände statt, die wie eine Achterbahnfahrt anmuten.

So ist die Verleugnung die mitunter kreativste Phase; kreativ, weil die trauernde Person die Realität nicht wahrhaben will und die Vernunft komplett hinten anstellt. Es werden plötzlich in drei Monate alten Chat-Nachrichten oder Erinnerungen an Wochen zurückliegende Gespräche Hinweise darauf gesucht und mit viel Erfindungsreichtum gefunden, dass die Beziehung doch nicht vorbei ist: Was ist, wenn er erpresst wurde und mit

[1] https://core.ac.uk/download/pdf/25894060.pdf

mir Schluss machen **musste**? Könnte diese Nachricht von vor zehn Tagen nicht bedeuten, dass er so gestresst von der Arbeit ist, dass die Trennung nur eine Kurzschlussreaktion war?

Irgendwann kommt der Umbruch. Dies ist von Person zu Person verschieden und bemisst sich unter anderem daran, wie viel Mühe in eine Beziehung investiert wurde. Wurde viel Mühe investiert und die Beziehung hat einem bis zum Schluss viel bedeutet, so ist die Phase der Leugnung tendenziell länger. Dafür ist beim Umbruch die Wut umso größer. Denn nach der Verleugnung brechen mit der Realität die Emotionen aus einem heraus! Dies kann sich in Beschimpfungen gegen Gott und die Welt, Auslassen der Gefühle an anderen Menschen und verschiedensten sonstigen Ablassventilen der äußern. Hat einem die Beziehung weniger bedeutet, ist folglich die Verleugnung kürzer und auch die Wut fällt geringer aus.

Auf die Wut folgt eine Verhandlungsphase, die – im Gegensatz zur Verleugnung – die Realität eingesteht, aber sich zum Ziel setzt, diese durch Kompromisse zu verändern. Da während der wuterfüllten zweiten Phase Fehler gemacht und Personen getroffen wurden, die für die Trennung nicht verantwortlich sind, werden nun Entschuldigungen ausgesprochen und es kommt die Idee auf, durch eine Aussprache mit dem Ex doch noch eine Wende herbeizurufen. Dabei wird verhandelt: Versprechungen über eine Änderung des Lebensstils, Steigerung der Attraktivität und Ähnliches erfolgen und sollen überzeugende Argumente darstellen. Dabei wird unter Umständen der eigene Selbstwert untergraben und die Versprechungen gehen gar bis ins Irrationale.

Hinweis!

Es ist im Rahmen des Modells vorgesehen, dass die Verhandlungsphase direkt auf die Verleugnung folgen kann. Es muss also nicht zwingend zur Wutphase kommen, wie es das Modell von Kübler-Ross in seiner Kernstruktur vorsieht. Durch das optionale Ausfallen der Wutphase wird die Analyse auch Personen mit einem ruhigen und bedachten Charakter gerecht.

Sofern auch das Verhandeln nicht geholfen hat, sind alle Register gezogen worden und ergebnislos geblieben. Die Hoffnungen, die Energie und der Elan weichen, woraufhin sich die Phase der Depression einstellt. Übrigens meint der Begriff in diesem Kontext nicht die psychische Erkrankung namens *Depression*, sondern lediglich ein Stimmungstief, welches über eine individuelle Zeitspanne andauert und der Erkrankung *Depression* ähnelnde Symptome mit sich bringt: Antriebslosigkeit, Trauer, Schlafstörungen, Gewichtsabnahme oder -zunahme. Häufig erfolgt die Gewichtszunahme infolge dieser Phase, da Lebensmittel wie Schokolade die Ausschüttung von Serotonin fördern und auf diesem Wege Glücksgefühle erzeugen.

Am Schluss steht die Akzeptanz. Wann diese Phase eintritt, ist individuell. Hier weichen die irrationalen Gedanken und Versuche der ersten drei Phasen und im Gegensatz zur vierten Phase werden die neuen Perspektiven wahrgenommen. Bei einigen Personen verbleibt ein Restschmerz, andere wiederum haken die Beziehung komplett ab und wieder andere nehmen sogar Positives aus Beziehung sowie Trennung mit.

Phasenmodell nach Verena Kast: Positive Spielräume werden geschaffen

Was im Vergleich zu Kübler-Ross das Phasenmodell Verena Kasts auszeichnet, ist eine differenziertere Betrachtung des Verarbeitungsprozesses und die letzte Phase, die mehr Spielraum für positive Entwicklungen lässt:

1. Nicht-Wahrhaben-Wollen
2. Aufbrechende Emotionen
3. Suchen, finden, sich trennen
4. Neuer Selbst- und Weltbezug

Die erste Phase des Nicht-Wahrhaben-Wollens ist analog zur ersten Phase der Verleugnung nach Kübler-Ross zu interpretieren. Die weiteren Phasen unterscheiden sich.

So drückt sich in der zweiten Phase die differenzierte Sichtweise Kasts aus, indem Sie nicht der Wut, sondern ebenso anderen Emotionen einen Platz einräumt. Dazu zählen mitunter Freude, Zorn und Angst. Die gegensätzlichen Emotionen resultieren aus verschiedenen Gedankengängen. Welche Emotionen ausgeprägter sind, hängt davon ab, wie die Beziehung zu der Person war. Letzten Endes ist ein Ausleben all der Emotionen essenziell für den Verarbeitungsprozess, um in die nächste Phase zu gelangen. Außerdem wird durch die Auseinandersetzung mit der eigenen Gefühlswelt das Abrutschen in depressive Stimmungszustände verhindert.

Daraufhin kommt die dritte Phase, in der nach der Person gesucht wird, von der die Trennung erfolgte: Ob auf Bildern, in Erinnerungen, durch Chat-Nachrichten oder physisch durch den Besuch. Mit jedem Mal, wo die Person nicht gefunden wird, manifestiert sich zunehmend deutlich, dass die Trennung unumgänglich ist.

Dies führt zur vierten Phase, die zum einen die Akzeptanz vorsieht, wie auch in Kübler-Ross' Modell. Allerdings steht im Vordergrund der vierten Phase bei Verena Kast nicht die bloße Akzeptanz, sondern die Verarbeitung der Erkenntnisse aus der Beziehung sowie die Gestaltung eines neuen Lebens. Chancen werden erkannt, die innerhalb der Beziehung nicht möglich waren. Neue Beziehungen werden anders angegangen; entweder mit mehr oder weniger Engagement als die vorige. Die gewonnenen Erfahrungen prägen das Leben.

Was ist, wenn die Beziehung wiederaufgenommen wird?

Am Ende steht in den Modellen die Erkenntnis, dass das Ende der Beziehung so oder so unausweichlich ist; kein Wunder, schließlich handelt es sich doch um Modelle, die die Trauer um Sterbende beschreiben. Diese kehren unter keinen Umständen wieder zurück. Doch beim Liebeskummer sind Comebacks möglich. Dennoch passen Psychologen die Phasenmodelle der Trauer um Sterbende gar nicht dahingehend an, dass die Beziehung wieder ein Comeback erfahren könnte.

Wieso ist das so?

Selbst, wenn ein Comeback erfolgte, wäre der Erfolg dieser Wiederaufnahme der Beziehung fragwürdig, wo sie doch schon einmal gescheitert ist. Zudem ist die Wahrscheinlichkeit für ein Liebes-Comeback gering. Auch, wenn es dir schwerfällt, dies so zu verinnerlichen: Aber ohne die Akzeptanz und mit der Spekulation auf ein Liebes-Comeback wirst du den Liebeskummer nie verarbeiten und deine neuen Perspektiven höchstwahrscheinlich weder wahrnehmen noch nutzen. Deswegen werden wir in diesem Ratgeber auf die Akzeptanz hinarbeiten, wie es die Phasenmodelle vorsehen. Wir werden mit diesem einen Lebensabschnitt abschließen, um eine Reihe neuer Spielräume zu öffnen. Doch gehen wir zunächst Schritt für Schritt voran ...

Wovon hängt die Ausprägung der Phasen ab?

Ein Blick auf die Einflussfaktoren der einzelnen Phasen ermöglicht dir bereits eine erste persönliche Einordnung, wie lange die Trauer bei dir andauern und wie stark diese ausgeprägt sein könnte.

Erste Beziehung

Beginnen wir chronologisch im Leben eines Menschen im Hinblick auf Liebesbeziehungen mit der ersten: Was erwartet dich, wenn du die Trennung nach der ersten Liebesbeziehung verkraften musst?

Fällt die erste Liebesbeziehung in die ersten 25 Jahre des Lebens, dann ist von einer schweren Verarbeitung des Liebeskummers auszugehen. Grund dafür ist, dass die erste Liebe prägt. Gehen wir vom Teenager-Alter aus, so zeigt sich dies besonders deutlich anhand der hormonellen Reaktionen. Zur Jugendzeit ist der Bedarf an Glückshormonen verstärkt. Passend fügt es sich ein, dass die erste Liebe mit den ersten sexuellen Erfahrungen eine entsprechende Hormonausschüttung fördert. Der erste Kuss lässt den Blutdruck ansteigen und das Herz schneller schlagen. Dabei wird die Atmung tiefer und die

Pupillen weiten sich. Ähnliche Effekte treten bei einem Drogenrausch, beim Ritzen und bei waghalsigen Unternehmungen ein, was eine Erklärung dafür wäre, wieso die Pubertät von so manch unerklärlichem Verhalten begleitet wird ...

Glücks- und Stresshormone werden bei der ersten großen Liebe verstärkt ausgeschüttet – und dies über einen Zeitraum von bis zu mehreren Monaten! Auch danach bleibt die erste Beziehung aufregend und von Bedeutung, da sie die ersten Erfahrungen eines intimen Austauschs mit einem Partner mit sich bringt. Der Reiz des Neuen und Unbekannten ist groß und wird befriedigt, was eine Stärkung der Bindung hervorruft.

Dies ist nicht nur im Jugendlichen-Alter so: Zwar sind hier die hormonellen Reaktionen ausgeprägter, doch ebenso hat die erste Beziehung im Alter von über 20 Jahren eine große Bedeutung. Ein Grund hierfür ist anstelle der verstärkten Hormonausschüttung auf rationalen Ebenen des menschlichen Verstandes zu suchen: Im Alter von 20 Jahren werden bereits die Weichen für die Zukunft gestellt, in der Beruf, Studium und Ausbildung die ersten Meilensteine sind. So wird sich in der Hoffnung gewogen, eine Beziehung fürs Leben zu finden.

Welchen Einfluss die erste Beziehung auf das Leben hat, lässt sich zum einen anhand von Studien betrachten. Eine groß angelegte Studie von Wagner, Becker et. al. (2015) untersuchte Daten von 312 Personen – darunter ausschließlich Zwillingspaare, die zum Start der Studie allesamt Singles waren – und stellte dabei im Vergleich fest, dass jene Personen, die im Alter zwischen 23 und 25 Jahren die erste Beziehung begannen, eine größere Zufriedenheit sowie eine geringere Neigung zu Depressionen aufwiesen. Was das Teenager-Alter angeht, so existieren keinerlei handfeste Studien, die die Wirkung der ersten Liebe fundieren, aber auf Basis der hormonellen Abläufe sind Mutmaßungen berechtigt. Als interessant erweist sich in diesem Kontext jedoch ein Artikel der WELT, der die Bedeutung der Jugendliebe thematisiert[2]. Hier werden Studien der Psychologie-Professorin Nancy Kalish aufgegriffen, die feststellte, dass frühere

[2] https://www.welt.de/wissenschaft/article1060018/Warum-man-seine-Jugendliebe-nie-vergisst.html

Jugendlieben, die zum Wiederaufleben gebracht wurden, eine hohe Bestandsquote aufwiesen. In rund drei Vierteln der von ihr untersuchten 2.000 Fälle waren die Paare, die nach früherer Jugendliebe wieder zusammengekommen waren, auch nach zehn Jahren noch zusammen.

Fazit

Wir stellen also fest, dass die erste Beziehung einen Einfluss auf die Persönlichkeit haben kann und die erste Liebeserfahrung intensiver Art ist. Folglich ist es wahrscheinlich, dass du – falls du gerade den ersten Trennungsschmerz deines Lebens verarbeitest – die Phasenmodelle zur Trennung lange und intensiv durchlaufen wirst.

Eine Beziehung von vielen, kurze und lange Beziehungen

Mit Ausnahme der ersten Beziehung, die definitiv einen Sonderstatus hat, sind die anderen Beziehungen unberechenbar und stellen eine schnelle oder gar langwierige Beseitigung des Liebeskummers in Aussicht.

Hast du bereits die ein oder andere Erfahrung in deinem Liebesleben gemacht, dann blickst du in der Regel auf mehrere Beziehungen zurück. Folglich weist du Erfahrung in der Verarbeitung von Liebeskummer auf. Dies ist allerdings keine Garantie dafür, dass der Trennungsschmerz schnell verarbeitet ist. Im Gegensatz zu Abläufen in Sport, Beruf oder anderen Bereichen des Lebens, die Routine sind und durch Erfahrung zunehmend einfacher von der Hand gehen, sind bei Beziehungen Emotionen im Spiel. Dies bedeutet: So viele Beziehungen man auch gehabt haben mag, kann jede Beziehung aufs Neue von großer Hoffnung und Hingabe begleitet sein. Dies ist eine Frage der eigenen Persönlichkeit sowie des Charakters. Denn diese bestimmen, wie sehr wir Menschen uns gewissen Dingen hingeben und in welchen Bereichen des Lebens wir

Prioritäten setzen. Dies gilt übrigens auch für die erste Beziehung: Wurde diese mit besonderer Hingabe verfolgt, dann war die Bindung umso intensiver, was einen größeren Trennungsschmerz zur Folge hat.

Die Intensität der Beziehung spielt ebenso eine Rolle bei der Beurteilung kurz und lang andauernder Beziehungen. Zum Beispiel kann eine kurze Beziehung größeren Trennungsschmerz verursachen als eine lange. Stelle dir folgendes Szenario vor: In eine traurige Phase deines Lebens tritt plötzlich eine Person, die dir große Hoffnungen macht, und ihr verbringt gemeinsam eine fantastische Zeit. Ohne Vorankündigung macht die Person mit dir nach nur zwei Wochen Schluss. Deine sensible und gerade mit Hoffnung angehauchte Welt fällt in sich zusammen. Auf der Gegenseite existiert eine langanhaltende Beziehung, die allerdings nicht mehr die Begeisterung und das Engagement der früheren Tage mit sich bringt. In einem solchen Szenario ist nicht die Dauer der Beziehung für den Trennungsschmerz entscheidend, sondern die Intensität.

Zentrale Parameter, die bestimmen, wie gut du mit der Trauer klarkommst, sind dementsprechend die folgenden:

- Investierte Mühe in die Beziehung
- Mit der Beziehung verbundene Hoffnungen
- Ausmaß der Emotionen für den Partner

Fazit

Die Anzahl der Beziehungen und vorhandenen Erfahrungen im Liebesleben sowie die Dauer einer Beziehung allein haben keinerlei Aussagekraft über die Intensität der emotionalen Bindung an eine Person und den folgenden Trennungsschmerz. Vielmehr sind die Mühe und die Leidenschaft, die von einem selbst in die Beziehung investiert wurden, sowie das Ausmaß der Liebe, entscheidende Faktoren bei der Frage, wie viel dir bei der Verarbeitung der Trennung abverlangt wird.

Liebeskummer bei Männern und Frauen

Unterscheidet sich der Umgang mit dem Liebeskummer je nach Geschlecht? Diese Frage erweist sich als interessant, da viele Sprüche in den sozialen Medien und Binsenweisheiten in der Kneipe um 3 Uhr nachts auf einen solchen Sachverhalt hinweisen. Auch die Webseiten überschlagen sich förmlich vor Klischees im Rahmen derer klassische Verhaltensmuster von Männern oder Frauen bei Liebeskummer formuliert werden.

Hinweis!

An dieser Stelle sei bei passender Gelegenheit betont: Dieser Ratgeber gibt dir eine Anleitung zum Umgang mit Trennung und Liebeskummer mit auf den Weg, die du unabhängig von deinem Geschlecht anwenden kannst. Es werden keine Methoden oder Mittel genannt, die für Frauen oder Männer zur Trauer ungeeignet sind. Sollte dir eine Methode nicht gefallen, liegt es schlicht und einfach an deinem Denkverhalten und deiner Einstellung. Dies ist in Ordnung.

So verallgemeinernd die weiblichen bzw. männlichen Verhaltensmuster auf den Webseiten formuliert sein mögen, sind sie als Anreiz dennoch erwähnenswert. Dabei wird angeführt, dass der klassische Mann tendenziell länger zur Verarbeitung der Trauer braucht. Die Phase der Verdrängung halte länger an, weil der Mann das Beziehungsende als einen Affront ansehe; einen Affront gegen das eigene Ego, was stark am Selbstbewusstsein kratze. So fasst es der Ratgeber der Dating-Seite Parship in Worte[3]. Greifen wir den Gedanken weiter auf, wird deutlich, dass Verdrängung der Verarbeitung im Wege steht. Bezogen auf das Modell von Kübler-Ross würde dies bedeuten, dass der Mann zu einer ausgeprägten Dauer der Phase 1 neigt, was die Verarbeitung des Liebeskummers hinauszögert.

[3] https://www.parship.de/ratgeber/loslassen/trennung-verarbeiten/

Frauen wiederum würden offen mit ihrem Trennungsschmerz umgehen und die Trennung nicht als Angriff auf das eigene Ego sehen, sondern als ein Unglück. Sie würden sich Ratschläge holen und mit Freunden, Familie, Kollegen auf der Arbeit oder in der Ausbildung sowie anderen Personen über ihre Emotionen reden, so ein Online-Magazin[4]. Dies führe zu einer Verarbeitung der Trennung. Es mache sich bemerkbar, dass Frauen sich bis zur nächsten Beziehung Zeit ließen, wohingegen Männer sich schnell in die nächste Beziehung stürzten.

Entscheidende Unterschiede sind den allgemeinen Behauptungen zufolge beim Umgang mit Liebeskummer zwischen Mann und Frau in den Aspekten *Verdrängung* und *Nachhaltigkeit* gegeben. So würden Männer den Kummer lange Zeit verdrängen, während Frauen dies nur kurzfristig täten. Demzufolge sei die Nachhaltigkeit bei der weiblichen Verarbeitungsweise gegeben, wohingegen bei Männern das Gegenteil der Fall sei.

Fazit

Vorurteile oder Verallgemeinerungen kommen nicht von irgendwo her. Es lassen sich beim Mann die Verdrängungsversuche sowie die Schädigung des Egos durch eine Trennung sogar auf die traditionelle Rolle des Mannes als starken Hausherren zurückführen. Doch die Welt hat sich gewandelt und erfordert eine komplexere Betrachtung und individuelle Hilfestellung für jede Person – unabhängig vom Geschlecht. Solch eine individuelle und von Vorurteilen befreite Hilfestellung zum Umgang mit Liebeskummer wirst du in den sieben Schritten als Anleitung zum Wieder-Glücklichsein erhalten.

[4] https://www.beziehungsweise-magazin.de/ratgeber/kommunikation-konflikte/so-sehr-leiden-maenner-nach-einer-trennung/

Liebeskummer: Wenn Trennung zum Schmerz wird…

Dieser Abschnitt ist den körperlichen Nebenwirkungen des Liebeskummers gewidmet. Tatsächlich resultieren aus dem Emotionschaos nicht selten körperliche Nebenwirkungen, die sich entweder in Schmerz oder aber in anderweitigen Beschwerden äußern. Welche Schmerzen und Beschwerden sind im Gewitter der Hormone und Gefühle möglich?

Tako Tsubo oder auch: Broken Heart Syndrome

Seinen Namen erhielt die Beschwerde Tako Tsubo von der gleichnamigen Tintenfischfalle, die die Form eines Kruges mit kurzem Hals hat. Es handelt sich um eine Beschwerde, die die Funktionsfähigkeit des Herzens beeinträchtigt. Im Fachjargon bezeichnet man entsprechende Arten von Beschwerden als Kardiomyopathie. Folglich hört Tako Tsubo auch auf den Namen *stressbedingte Kardiomyopathie*. Der Zusammenhang zum Liebeskummer wird anhand der weiteren Bezeichnung *Broken Heart Syndrome* am deutlichsten. *Broken Heart Syndrome* ist ein Synonym, welches sich von der Ursache für die Schmerzen ableitet. Bei den ersten Fällen in Japan im Jahre 1990, bei denen 80 Prozent der betroffenen Personen weiblich und im höheren Alter waren, wurde über verschiedenste Ursachen gemutmaßt, wozu auch Trennungsschmerz gehörte. In heutigen Zeiten weiß man, dass stressbedingte Hormonausschüttung das Herz durch regelmäßige Verengungen der Blutgefäße – sogenannte Koronarspasmen – belastet und zu den stechenden Brustschmerzen führt. Eine solche Hormonausschüttung kann auch im Zuge des Liebeskummers Schmerzen verursachen, wobei es sich allerdings um eine seltene Erscheinung handelt. Zwar ist Tako Tsubo nicht automatisch gefährlich fürs Herz, doch empfiehlt sich beim Auftreten solcher Beschwerden immer die Konsultation eines Arztes.

Bauchschmerzen: Die Rolle des Darms

Hast du bereits von der Neurogastroenterologie gehört? Dieses Forschungsgebiet ist neu entstanden und beschäftigt sich mit dem neuen Trendsetter der Medizin: Dem Darm-Gehirn, auch als *zweites Gehirn* bezeichnet. Der Darm ist nämlich mehr als das bloße Hohlorgan, für das wir ihn über viele Jahre hinweg gehalten haben. Ein hochkomplexes Geflecht aus Nerven, ständig in Kommunikation mit dem Gehirn, durchstreift den Darm. Die Signale werden ausgetauscht und so verwundert es kaum, dass der soeben noch verliebte und durch das Hormon Dopamin verwöhnte Mensch plötzlich Bauchschmerzen bekommt, weil die Glücksdroge Dopamin ausbleibt. Dies ist nur ein mögliches Gedankenspiel ... Schlussendlich steht die Tatsache, dass Gehirn und Darm in ständigem Austausch miteinander sind. So machen sich emotionale Missstände mit hoher Wahrscheinlichkeit auch im Bauch bemerkbar. Anders lässt es sich kaum erklären, dass in bestimmten Situationen, wie z. B. bei Stress und Angst, Hungergefühle durch den Körper aktiv unterdrückt werden. Was in unserem Gehirn geschieht, trägt maßgeblich zum Wohlbefinden des gesamten Körpers bei.

Selbst verursachte Beschwerden

Im Zuge des Liebeskummers kommt es eventuell zur Antriebslosigkeit. Diese hat ein geringeres Aktivitätslevel zur Folge. Ein geringeres Aktivitätslevel birgt Risiken für die Entstehung von Bluthochdruck und Übergewicht. Auch Rückenschmerzen manifestieren sich mit der Zeit.

Neben dem geringen Ausmaß an Bewegung schlägt sich der Liebeskummer in einer ungesunden Ernährung nieder, die zum einen ebenfalls der Antriebslosigkeit, zum anderen zugleich der Suche nach Glücksempfinden durch Drogen wie Zucker und Alkohol geschuldet ist. Ungesunde Ernährung verstärkt das Risiko für Übergewicht und hat zudem den Nachteil, dass es zu einer Mangelversorgung mit Nährstoffen kommt. Daraus resultieren schlimmstenfalls Kreislaufprobleme und chronische Erkrankungen.

Fazit: Liebeskummer kann den ganzen Körper belasten!

Ein weiteres Mal gelingt es unserem zentralen Steuerorgan, dem Gehirn, die Macht zu demonstrieren, die es über den Körper hat. Verursacht durch eine bloße Trennung, lässt es ein Gefühlschaos aufbranden, das Schmerzen und anderweitige Beschwerden verursacht. Die trauernde Person setzt sich unter Umständen durch wenig Aktivität und ungesunde Ernährung selbst noch mehr zu. All diese Missstände haben ihren Ursprung im menschlichen Gehirn, was veranschaulicht, wie vorteilhaft die schnelle Überwindung der Trennung und des Liebeskummers für die Gesundheit ist.

Was, wenn es möglich wäre, beschleunigt zur Akzeptanz zu gelangen?

Ein Großteil der durch den Liebeskummer entstandenen Probleme ist auf die zu durchlaufenden Phasen zurückzuführen; ob es nun die fünf Phasen nach Kübler-Ross, die vier Phasen nach Verena Kast oder höchst individuelle und persönliche Phasen sind. Bis zur Akzeptanz treten eine Menge gedanklicher Prozesse und Emotionen ein, die verschiedenste Handlungsweisen hervorrufen, wobei zwischen alledem eine Gemeinsamkeit besteht: Sie stellen für die betroffenen Personen förmlich einen Leidensweg dar, der auf Gesundheit und Psyche negative Auswirkungen nimmt. Wie wäre es denn, die Nebenwirkungen möglichst gering und die Phasen der Trauer möglichst kurz zu halten, um auf direktem Wege zur Akzeptanz zu gelangen? Dieses Buch kann dir nichts versprechen, aber das Leben auch nicht. Dennoch lebst du es. Lasse dich also auf die folgenden sieben Schritte in diesem Ratgeber ein und akzeptiere, dass der erste Schritt nur der erste ist. So läuft es nun mal: Ein Fuß vor den anderen, eine Erkenntnis nach der anderen.

Schritt #1: Akzeptieren – Die Grundlage schaffen

Was für die Entstehung der gesundheitlichen Probleme und die chaotische Gefühlswelt verantwortlich ist, ist die fehlende Akzeptanz fürs Beziehungsende. Ohne Akzeptanz geht man im Geiste verschiedenste Szenarien durch, die allerdings zu keiner Lösung beitragen. Wir möchten den Prozess bis zur Akzeptanz beschleunigen, wozu alle Schritte dieses Ratgebers beitragen. Dabei ist dieses Kapitel allerdings die unverzichtbare Grundlage. Dazu bringt dir das Kapitel drei Komponenten nahe, die essenzielle Instrumente sind; nicht nur für die Beziehung, sondern für das grundsätzliche Leben und den Umgang mit Mitmenschen. Die drei Komponenten lauten wie folgt:

- Beziehung und Ursachen für deren Ende analysieren
- Änderungsbedarf und Optimierungspotenzial erkennen
- Optimale Ablassventile für sich entdecken

Beziehungs- und Trennungsanalyse: Wieso haben sich die Dinge so entwickelt?

Häufige Fragemuster des Nicht-Wahrhaben-Wollens und der Verleugnung beginnen mit dem Fragewort „Warum".

- Warum hat er Schluss gemacht?
- Warum gerade ich?

Die Antworten musst du in der Beziehung, der Art der Trennung, deinem Partner und in dir selbst suchen. Durch eine umfangreiche Analyse werden in die Phase der Verleugnung unmissverständliche Fakten gebracht.

Da der Verlauf einer Beziehung sowie dein Charakter und der des Partners die Basis bilden und überhaupt erst Gründe für eine Trennung liefern, beginnen wir mit einer Analyse der Beziehung, ehe wir uns den Moment der Trennung vor Augen führen. Hier ist ein Blick auf die häufigsten Trennungsgründe ein solides Fundament, um eine Analyse vorzunehmen:

- Fehlende Akzeptanz für Gewohnheiten
- Kommunikationsprobleme
- Fehlende Freiräume
- Langeweile
- Unehrlichkeit
- Fremdgehen
- Streitereien
- Schlechter Sex
- Mangelnde Hygiene
- Aggressives Verhalten
- Unterschiedliche Lebensstile

Es ist nur allzu naheliegend, dass all diese Punkte einer subjektiven Wahrnehmung unterliegen. Was für dich langweilig gewesen sein mag, war womöglich für den Partner aufregend und interessant. Wo der Partner den Sex als schlecht empfunden haben mag, warst du glücklich. Wie gelingt es dir also, eine faire Analyse zu ziehen und dadurch die Beziehung objektiv zu bewerten? Der Schlüssel ist in dem Zusammenspiel dreier Komponenten zu suchen:

Der Beziehungsverlauf an sich ist weder gut noch schlecht. Was ihn gut oder schlecht macht, sind die persönlichen Sichtweisen auf den Verlauf. Damit diese objektiv sind, musst du den Charakter des Partners sowie deinen eigenen Charakter in Bezug zu einzelnen Ereignissen der Beziehung setzen und dann eine Gesamtbewertung vornehmen.

Ehe wir uns mit den persönlichen Sichtweisen befassen, ist das neutrale Beschreiben der Beziehung erforderlich: Schreibe auf ein Blatt Papier nieder, wie deine Beziehung

verlaufen ist. Äußere dabei aber keine Emotionen, da dies wertend und bereits subjektiv ist. Schreibe die Dinge so auf, wie sie von den Fakten her waren. Nutze drei Spalten, von denen die linke und rechte zunächst frei bleiben:

	Ereignis	
	Wir haben in den letzten drei Monaten ungefähr jeden zweiten Tag gestritten.	
	Häufigster Grund für den Streit war die Diskussion über fehlende Freiräume.	
	Nach dem Streit haben wir uns im Verlaufe der nächsten Stunden vertragen.	
	Am meisten trafen wir am Abend, nach der Arbeit, aufeinander.	
	Wir hatten seit fünf Monaten keinen Sex, stattdessen haben wir Fernsehsendungen gesehen.	

Schreibe deinen eigenen Verlauf wie im Beispiel hier nieder. Vermeide eigene Emotionen, absolute Begriffe (z. B. sehr, ganz) und wertende Worte (z. B. leider, natürlich), da all diese Dinge subjektiver Natur sind und deinen eigenen Blickwinkel repräsentieren. Halte dich bei der Übung nicht mit jedem noch so kleinen Detail auf, sondern gehe von regelmäßigen Ereignissen zu kleineren Ereignissen über.

Nun lässt du unter der Tabelle Platz frei. Liste am Ende des Beziehungsverlaufs in einer Aufzählung zum einen die Gewohnheiten deines Partners, zum anderen deine eigenen auf. Hier ist ebenfalls die Regel der Faktenlage wichtig, bei der eigene Emotionen außen vor zu lassen sind. In diesem Sinne sind Aussagen wie „Er war wie gewohnt dämlich." keine Gewohnheiten, sondern Urteile. Du musst also präzise regelmäßige Verhaltensmuster nennen. Beispiele:

- Fingernägel kauen
- Fluchen
- Daumen drehen

Tipp!

Da man eigene Gewohnheiten tendenziell schwerer bemerkt, ist es vorteilhaft, sich selbst über die Dauer mehrerer Tage bis zu einer Woche zu beobachten oder andere um Mithilfe zu bitten. Diese Gewohnheiten werden dann umgehend notiert, um später in der Tabelle eingetragen zu werden.

Nach dieser Übung haben wir ein Profil des Beziehungsverlaufs und häufiger Verhaltensmuster - sprich Gewohnheiten - deines Partners und deiner selbst. Nun ist dies aber noch keine Analyse. Ziel der folgenden Analyse - für die du mehrere Instrumente mit an die Hand erhalten wirst - ist es, festzustellen, wo du selbst Fehler gemacht hast, wo der Partner Fehler gemacht hat und wo die Fehler auf beiden Seiten liegen.

Wie habe ich mich gefühlt?

Den ersten Teil der Analyse wirst du einfach schaffen, da dieser deine eigene Sichtweise auf die Dinge erfordert. Hier darfst du alles rauslassen, was dir auf dem Herzen liegt. Der Notizblock ist die stellvertretende Schulter, an der du dich ausweinst, falls dies während der Beziehung nach einzelnen Ereignissen nicht der Fall war oder falls jetzt noch Bedarf dazu besteht. Jetzt darfst du subjektiv sein. Schreibe auf die eine Seite neben den Ereignissen deine eigene Sichtweise auf. Die andere Seite neben den Ereignissen - du ahnst es womöglich - ist deinem Partner vorbehalten. Da dieser nicht vor Ort und die Trauerbewältigung nicht seine Aufgabe ist, wirst du dich in den Partner hineinversetzen müssen. Dazu später mehr.

Hast du die eigenen Emotionen aufgeschrieben, könnte es beispielsweise wie folgt aussehen:

	Ereignis (Abschrift aus dem ersten Teil der Aufgabe)	**Meine Wahrnehmung**
	Wir haben in den letzten drei Monaten ungefähr jeden zweiten Tag gestritten.	Er hat den Streit immer begonnen, weil ich ihn angeblich einengte.
	Häufigster Grund für den Streit war die Diskussion über fehlende Freiräume.	Ich habe ihn gar nicht eingeengt, sondern ihm nur meine Liebe gezeigt.
	Nach dem Streit haben wir uns im Verlaufe der nächsten Stunden vertragen.	Die Streite waren gang und gäbe und am Ende habe ich ihn immer um eine Versöhnung gebeten.
	Am meisten trafen wir am Abend, nach der Arbeit, aufeinander.	Ich bin während der Arbeit immer allein und freue mich auf ihn.
	Wir hatten seit fünf Monaten keinen Sex, stattdessen haben wir Fernsehsendungen gesehen.	Nach der Arbeit war ich zu k. o. dafür und wollte einfach nur mit ihm kuscheln.

Die Tabelle ist nur ein rudimentäres Beispiel, um den Aufbau zu veranschaulichen. Für den Inhalt ist es angeraten, dass du möglichst ausführlich bist. Berücksichtige dabei zum einen, wie du dich kurz vor und kurz nach dem Ereignis gefühlt hast, was deine Emotionen waren und wie diese dein Handeln und deinen Umgang mit dem Partner beeinflusst haben. Schreibe all dies nieder. Dann ist deine Sichtweise dargelegt.

Wie hat sich dein Partner gefühlt?

Dieser Teil ist der womöglich anspruchsvollste, der dafür den entscheidenden Beitrag der Beziehungsanalyse bildet. Denn hier versetzt du dich in deinen Partner hinein und vollziehst dessen Emotionswelt nach. Immerhin bringst du dafür die ideale Voraussetzung mit: Schließlich warst du der Person, die du mitsamt ihrem Verhalten analysierst, unglaublich nah, da du mit ihr zusammen warst. Untereinander wurden Geheimnisse geteilt, Zärtlichkeiten ausgetauscht und es wurde einander vertraut; um nur einige Dinge zu nennen. Zumindest ist dies die Erwartung, die man an eine Beziehung stellen darf: Dass man den Partner und dieser einen selbst genau kannte. War dies nicht der Fall, so legt die Analyse dies offen und enthüllt auf diesem Wege mögliche Gründe für einen negativen Verlauf der Beziehung, Streitpunkte und Unzufriedenheit. Damit dir die Analyse gelingt, erhältst du ein Instrument, welches einer angesehenen psychologischen Methode entspringt: Das NLP, ausgeschrieben *Neuro-Linguistisches Programmieren*.

Hinweis!

Die Inhalte, die du erlernst, werden dir allgemein im zwischenmenschlichen Umgang eine Hilfe sein. Auch im Bezug auf dich selbst werden dir dadurch Defizite und Stärken bewusst, die zu deiner Persönlichkeitsentwicklung beitragen, sofern du diese optimierst. Obendrein wirst du mit den Lehren aus den folgenden Abschnitten in der nächsten Beziehung andere Verhaltensweisen zeigen und eine lösungsorientierte sowie offene Kommunikation einsetzen, was essenzielle Einflüsse für beidseitige Zufriedenheit in der Beziehung sind.

Das NLP ist eine Methode, die in den 60er Jahren entwikkelt wurde und sich eine Optimierung der Kommunikation sowie der Umgangsweisen mit sich selbst und der Umwelt zum Ziel setzt. Es wurde im Laufe der Jahrzehnte in verschiedenen Generationen weiterentwickelt und von Psychologen, Wissenschaftlern sowie Coaches um eine Reihe an Instrumenten und Methoden bereichert. Mittlerweile ist das NLP im Sport, im Management, in der Psychologie, in der Persönlichkeitsentwicklung und in den verschiedensten Berufen sowie zahlreichen weiteren Sparten weltweit angesehen.

Für dich ist das Instrument der *Metaprogramme* relevant. Dieses Instrument des NLP bringt gegensätzliche Eigenschaften auf eine Skala, oder besser gesagt: Es illustriert überhaupt erst, dass sich gegensätzliche Charakter- und Verhaltenseigenschaften auf einer Skala befinden. Ein Beispiel für das bessere Verständnis:

Man nehme eine Person, die ein aggressives Verhalten an den Tag legt und eine Person, die ein kontrolliertes Verhalten auszeichnet. Komplett gegensätzliche Typen! Doch was ist nun mit den Personen, die sowohl kontrolliert als auch aggressiv reagieren können und bei denen sich die Reaktion nach der Art des Auslösers bemisst? Diese sind unberechenbar. Aber, ob du es glaubst oder nicht, bewegen sich all diese Personen auf derselben Skala: Selbstkontrolle.

Stellen wir uns die Selbstkontrolle bildlich als Skala vor, so zeigt sich, dass am einen Ende das Extrem der Aggression und auf der anderen Seite das Extrem der völligen Ruhe und Selbstkontrolle ist. Beides kann als gut und schlecht angesehen werden. Zu ruhige Menschen sind tendenziell schneller verängstigt und lassen sich unterdrücken. Aggressive Personen wiederum neigen zur Unterdrückung anderer durch verbale oder gar physische Gewalt. Diese Skala kann noch feiner unterteilt werden, indem du Selbstkontrolle nach der Art des Auslösers festhältst. Wie fällt die Selbstkontrolle bei Beziehungsstreiten, beruflichen Problemen, Niederlagen bei Brettspielen usw. aus?

Du verstehst das Prinzip:

Jede Person reagiert in verschiedenen Eigenschaften auf einzelne Auslöser anders. So sind die einen beim abendlichen Brettspiel durch die Niederlage erregt und brechen gar einen Streit vom Zaun, während andere sich in solchen Lagen als entspannt erweisen, dafür aber in anderen Punkten aggressiv sind.

Um es auf die Spitze zu treiben, folgt die Beschreibung einer Situation, in der verbale Aggression sogar positive Auswirkungen hatte: Die Erkrankung *Demenz* zeichnet sich neben der Vergesslichkeit durch den Rückfall in alte Verhaltensmuster aus. Ein Patient legte ein aggressives Verhalten zutage, im Zuge dessen er die Einnahme von Medikamenten unter wüsten Beschimpfungen ablehnte[1]. Die Pflegerinnen waren ratlos, bis eine Fachpflegerin dem Mann mit derselben verbalen Aggression entgegentrat, wie er es tat. „Es ist mir absolut egal, ob Sie Ihre Medikamente einnehmen wollen! Nun stecken Sie sich gefälligst die Pillen in den Mund und meckern Sie mich nicht voll!" Der Mann, ursprünglich als Barkeeper in einem heruntergekommenen Stadtviertel einen rohen Umgangston gewohnt, lenkte ein und kroch förmlich zu Kreuze. Er nahm die Medikamente ein. In der Pflege gibt es für diese Umgangsweisen mit an Demenz erkrankten Menschen den Fachbegriff *Umweltanpassung*. Es ist das Ziel, die Umwelt und die Handlung an den Betroffenen anzupassen, um ihn adäquat zu versorgen. Denn der Betroffene kann es aufgrund seiner Krankheit nicht mehr.

Wer legt also nun fest, ob ein Verhalten richtig war oder nicht? Glücklicherweise ist dies aktuell nicht erforderlich. Du hast einzig und allein die Aufgabe, dich in deinen Partner hineinzuversetzen und die Dinge aus dessen Sichtweise zu beleuchten. Denn was für dich den einen Anschein hatte, mag für den Partner einen anderen Anschein gehabt haben; oder um es mit den Worten des NLP zu sagen: Die Landkarte ist nicht das Gebiet.

---

[1] https://alterix.de/gesundheit/demenz/umweltpassung-der-weg-zum-umgang-mit-herausforderndem-verhalten-107.html

Die Metaprogramme helfen, gesellschaftliche Stigmata zu beseitigen und räumen mit dem Vorurteil auf, bestimmte Verhaltensweisen und Charaktereigenschaften seien Männern oder Frauen zuzuordnen. Denn alle Ausprägungen von Emotionen sind einer Skala zuzuordnen, die beide Geschlechter betrifft.

Fertige Skalen an!

Damit in die vielen Erkenntnisse und das Beispiel der Aggression rund um die Metaprogramme des NLP Klarheit gelangt, bist du nun mit der Anfertigung von Skalen dran. Schaue dir die bisherige Abschrift aus deiner Übung zur Beziehungsanalyse an und überlege, an welchen Stellen ein besonders auffälliges Verhalten auftrat, wie z. B. extreme Unterwürfigkeit, Aggression, Wut, Traurigkeit, Antriebslosigkeit oder anderes. Überlege dir zudem, wo zwischen dir und deinem Partner Spannungen auftauchten. Beziehe dabei die Gewohnheiten ein. War der Partner besonders aufgebracht, als du an den Fingernägeln gekaut hast? Schreibe die Skalen für Verhaltens- und Charaktereigenschaften auf und schätze auf der Skala ein, wo der Partner zu positionieren ist:

- Emotionalität: Kaum; dies bedeutet, dass er unterkühlt im Umgang mit dir war
- Geduld: Neutral
- Intelligenz: Hoch; er war belesen und hat sein Wissen gern geteilt

Hinterfrage die einzelnen Eigenschaften nun. War der Partner nur unterkühlt im Umgang mit dir? Falls ja, welche Ursachen könnte es geben? Schreibe all diese Dinge auf ein separates Blatt, um Verständnis für deinen Partner und dessen Handeln zu entwickeln. So siehst du die Welt aus seinem Blickwinkel!

Beziehe die Erkenntnisse aus den Skalen auf den Beziehungsverlauf!

Ein deinen Kenntnissen und dieser Anleitung entsprechend möglichst genaues Profil deines Partners liegt nun vor dir auf dem Tisch. Was du niedergeschrieben hast, beziehst du nun auf den Beziehungsverlauf und füllst die verbliebene linke Spalte. Denn anhand der Eigenschaften und Verhaltensweisen deines Partners auf den einzelnen Skalen bist du imstande, zu schlussfolgern, wieso er so reagiert hat, wie er reagiert hat:

Die Wahrnehmung des Partners	**Ereignis (Abschrift aus dem ersten Teil der Aufgabe)**	**Meine Wahrnehmung**
Immer, wenn ich mich durch das Klammern beengt fühlte, platzte mir der Kragen.	Wir haben in den letzten drei Monaten ungefähr jeden zweiten Tag gestritten.	Er hat den Streit immer begonnen, weil ich ihn angeblich einengte.
Ich war es leid, ihr immer wieder klarmachen zu müssen, dass ich sie liebe, aber meinen Raum brauche.	Häufigster Grund für den Streit war die Diskussion über fehlende Freiräume.	Ich habe ihn gar nicht eingeengt, sondern ihm nur meine Liebe gezeigt.
Im Laufe der Zeit wurde es zur Normalität, dass auf denselben Streit dieselbe Versöhnung folgte, aber nie eine Lösung erörtert wurde.	Nach dem Streit haben wir uns im Verlaufe der nächsten Stunden vertragen.	Die Streite waren gang und gäbe und am Ende habe ich ihn immer um eine Versöhnung gebeten.

Ich habe auf meiner Arbeit genug Verantwortung für Menschen, die immer meine Nähe und Hilfe benötigen.	Am meisten trafen wir am Abend, nach der Arbeit, aufeinander.	Ich bin während der Arbeit immer allein und freue mich auf ihn.
Und wenn es mal drauf ankam, sich wirklich anzunähern, war sie plötzlich nicht gewillt. Ich fühlte mich wie im Käfig ohne positive Momente.	Wir hatten seit fünf Monaten keinen Sex, stattdessen haben wir Fernsehsendungen gesehen.	Nach der Arbeit war ich zu k. o. dafür und wollte einfach nur mit ihm kuscheln.

Möglicherweise wird die Erörterung der Beziehung in deinem Fall komplexer sein. Gehe deswegen auf beiden Seiten ins Detail und überprüfe dann, in welchen Punkten es zu unüberbrückbaren Unterschieden kam.

Die Zusammenführung der Erkenntnisse führen zur Analyse der Trennung

Es ist möglich, dass du lange suchen und erst nach tagelangen Überlegungen auf einen versteckten Grund für die negative Entwicklung der Beziehung stoßen wirst, wie beispielsweise, dass der Partner sich durch deine Intelligenz eingeschüchtert und zusehends unwohl fühlte. Auch intellektuelle Kompatibilität kann in Beziehungen eine Rolle spielen, falls andere Gemeinsamkeiten oder Schnittpunkte deren Mangel nicht aufwiegen.

Ebenso ist es möglich, dass du am Ende keine großen Erkenntnisse erntest, was beispielsweise der Fall ist, wenn der Partner keine tiefen Gefühle gehegt und dich einfach für jemand anderen verlassen hat. Doch auch dies ist eine Erkenntnis …

Inwiefern verhilft dieser Vorgang zur Akzeptanz?

Zur Akzeptanz verhilft dieser Vorgang insofern, als eine trokkene und sachliche Betrachtung der Dinge stattfindet. Häufig steht der Akzeptanz eine pure und einseitige Emotion im Wege; nämlich die, aus dem eigenen eingeengten Blickwinkel die Dinge zu betrachten. Stelle dir vor, du machtest folgende Erkenntnisse durch eine Analyse:

- Dein Partner war durchweg unterkühlt, weil er sich nur der Arbeit widmete und deine Bemühungen nicht würdigte.
- Obendrein waren Kommunikationsprobleme dahingehend vorhanden, dass sich der Partner nur für seine Arbeit interessierte und nicht deinen inhaltlichen Tiefgang bei den verschiedensten Themen besaß.
- Es kam häufig zu Streitereien, die nicht nur einen bestimmten Auslöser, sondern die verschiedensten Auslöser hatten.

Glaubst du, dass eine solche Beziehung – so schön sie zu Beginn gewesen sein und so viel sie dir anfangs geboten haben mag – einen Sinn hat? Nein. Dies ist ein Beispiel für eine Beziehung, die in einem schleichenden Trennungsprozess ist. Zwar gibt es schwierige Phasen, durch die man gemeinsam durch muss, aber wenn grundlegende Unterschiede zu Beginn vorhanden sind und sich mit der Zeit in immer mehr täglichen Situationen niederschlagen, ohne dass man an Lösungen arbeitet, ist die Zeit für einen Schlussstrich gekommen. Insbesondere herzensgute Menschen laufen Gefahr, die schönen Momente einer Beziehung zu stark zu gewichten und blenden dadurch die vielen negativen Punkte aus.

Eine Beziehung ist wie das eigene Leben: Es erfordert ständige Reflexion, um die Bedürfnisse und Ziele sowie Träume herauszuarbeiten und konsequent auf diese hinzuarbeiten. Die Herausforderung einer Beziehung ist jedoch, dass es mit dir und deinem Partner zwei Parteien gibt. Es erfordert gemeinsame Arbeit – im wahrsten Sinne des Wortes „Arbeit“ – um eine Beziehung aufrechtzuerhalten. In diesem Sinne mag wohl das Zitat der Schriftstellerin Simone de Beauvoir durchaus Berechtigung haben:

„Es ist Kunst, den Mann zu gewinnen, ihn zu behalten, Arbeit fürs Leben.“

Umgekehrt darfst du den Spruch auch aufs andere Geschlecht übertragen. Wie äußert sich eine solche Arbeit? Ständige Kommunikation, Offenheit bei Problemen, Finden von Gemeinsamkeiten, Diskussion über die gegenseitigen Bedürfnisse und deren Abstimmung aufeinander – dies sind nur einige der Anregungen. Sobald du die Erkenntnisse deiner Beziehungsanalyse und die Trennungsgründe betrachtest, wirst du auf reichlich Punkte kommen, bei denen es an zentralen Elementen gefehlt hat. Und an dieser Stelle gilt es einfach zu akzeptieren, dass die Beziehung durch Fehler auf der einen oder auf der anderen Seite oder aber auf beiden Seiten gescheitert ist. Die objektive und faktenbasierte Analyse zeigt dir, dass der Zeitpunkt dafür reif war. Da muss man keine Wut haben, keine Selbstzweifel bekommen oder den Lebensmut verlieren.

Früher, zu Kindheitszeiten, war die Emotionalität derart stark ausgeprägt, dass eine mehrjährige Entwicklung bis zum Erwachsensein durchlaufen wurde. Und nun? Nun ist die Entwicklung gefragt, zu akzeptieren, dass das Leben solche und solche Verläufe parat hält. Gute und böse Geschehnisse, lange und kurze Beziehungen, starke und schwache Momente. Wenn die Beziehung endet, mag dies zunächst als ein Verlust erscheinen. Doch wechseln wir die Blickwinkel, erkennen wir: Beim Verlust verliert man nichts, sondern gibt es an jemanden oder etwas weiter. Du hast nun mehr Zeit und Mühe, dich anderen Dingen im Leben zu widmen: Familie, Freunde, Hobbys, Beruf oder du erfindest dich gar komplett neu und machst Dinge, auf die du früher nicht gekommen wärst.

Tipp!

Der Film *P.S. Ich liebe dich* beschreibt die Geschichte einer Frau, die nach dem Tod ihres Mannes in tiefster Trauer versinkt. Allerdings hatte dieser vor seinem Tod, im Wissen um die wahrscheinliche Trauer seiner Frau nach seinem Ableben, eine Reihe an Briefen vorbereitet. Diese Briefe geben der Frau konkrete Aufgaben, um neue Seiten an sich zu entdecken, sich zu blamieren, Männer kennenzulernen und das Leben so facettenreich zu leben, wie es zuvor nie der Fall war. Zwar beseitigt dies nicht den Schmerz, doch es hilft ihr, sich abzulenken und neuen Lebensmut zu fassen. Schaue dir den Film an, um dich zu überzeugen, dass jedes Ende etwas Neues bereithält.

Änderungsbedarf und Optimierungspotenzial erkennen

Nun besteht die Verarbeitung des Beziehungsendes nicht nur aus Kritik an der anderen Person und Schuldzuweisungen. Durch die Einnahme des Blickwinkels deines Partners hast du die Gegenseite betrachtet und eventuell mag dir aufgefallen sein, dass du in einzelnen Situationen oder Eigenschaften selbst hättest besser abschneiden können.

- Möglicherweise hast du tatsächlich zu sehr geklammert und keine Freiräume gelassen?
- Oder bestandest du zu stark auf deinem Recht und hast dem Partner kaum Chancen zur Umsetzung seiner Wünsche gelassen?
- Vielleicht hast du dem Partner zu wenig Gelegenheit gegeben, über seine Gefühle zu sprechen?

Ziel dieses Unterkapitels ist es, dir aufzuzeigen, dass zur Akzeptanz auch gehört, die eigenen Verfehlungen zu sehen und an diesen zu arbeiten. Auf diesem Wege entwickelst du dich charakterlich weiter und dein Verhalten wird anpassungsfähiger. Die Entwicklung des Charakters ist nämlich nie vorbei: Zu Kindheitszeiten agieren wir egoistisch, mit dem ersten Geschwisterteil oder den ersten Pflichten in der Schule lernen wir, Verantwortung zu übernehmen und abzuwägen. Zu Jugendzeiten stellen wir die Weichen für die Zukunft und die Verantwortung wächst. Mit der ersten Beziehung lernen wir, für andere Personen Einbußen in Kauf zu nehmen und Dinge zu tun, die uns weniger gefallen. Doch auch im Alter von 30 oder 40 Jahren ist es uns möglich, unsere Charaktereigenschaften und Verhaltensweisen weiterzuentwickeln. Um nochmals die Metaprogramme des NLP aufzugreifen: Hier ist die Rede vom sogenannten anpassungsfähigen und spontanen Verhalten.

Transaktionsanalyse: Psychische Abläufe nachvollziehen und Umgangsweisen verbessern

Die Fachpsychologie macht sich die Metaprogramme im Kontext einer bekannten Methode zunutze, die auf den Namen *Transaktionsanalyse* hört. Diese Analyse setzt sich zum Ziel, psychische Abläufe und den zwischenmenschlichen Umgang zu verstehen sowie zu optimieren. Die Grundüberzeugungen sind dabei[2]:

1. Die Menschen sind in Ordnung.
2. Jeder Mensch hat die Fähigkeit zu denken.
3. Die Kommunikation ist frei und offen.

Dabei meint der erste Aspekt, dass der Mensch an sich von der Geburt an in Ordnung ist. Das zukünftige Verhalten mag es zwar vereinzelt nicht sein, was jedoch seine Persönlichkeit nicht endgültig für schlecht erklärt. Sofern du dies begreifst, wirst du den Menschen und deinen zukünftigen Partnern stets auf Augenhöhe begegnen, ohne direkt zu urteilen. Lösungen

[2] https://www.transaktionsanalyse-online.de/

werden so eher gefunden, weil die Gegenseite Verständnis erfährt.

Die Fähigkeit zu denken bezieht sich darauf, in der Lage zu sein, auch gesellschaftliche Konventionen und Normen in Frage zu stellen und fernab jedweder Dogmen anhand eigener Erfahrungen Urteile zu bilden.Die dritte Grundüberzeugung der Transaktionsanalyse, freie sowie offene Kommunikation, bedeutet letzten Endes, Umwege in der Kommunikation zu vermeiden und jedwede Anliegen offen anzusprechen.

Wie hilft dir dies im Umgang mit Menschen und Partnern in zukünftigen Beziehungen?

1. Durch die erste Grundüberzeugung eignest du dir die Fähigkeit an, Menschen und deren Verhalten immer wieder aufs Neue zu hinterfragen und Vorurteile beiseite zu räumen.
2. Auf diesem Wege, in Kombination mit dem selbstständigen Denken, gelingt es dir sogar, abstrakte Lösungswege zu erarbeiten und fernab der Normen nach Kompromissen im Umgang mit anderen zu suchen.
3. Durch den Mut zur offenen Kommunikation werden Probleme und Lob nicht länger zurückgehalten, sondern ausgesprochen. Andere Personen passen sich mit der Zeit der Interaktion an und so wird der offene Ton gang und gäbe.

Bei der Umsetzung dieser Grundüberzeugungen aus der Transaktionsanalyse helfen dir die Metaprogramme des NLP. Sofern du auf einer bestimmten Skala möglichst flexibel reagierst, um dich dem jeweiligen Partner – oder generell Menschen – anzupassen, wird der gesamte Ablauf vereinfacht.

Trennungstypen: Wo ordnest du dich ein?

Ebenfalls hilfreich, um Änderungsbedürfnisse und Optimierungspotenziale zu erkennen, ist ein Blick auf die einzelnen

Trennungstypen, die Gina Kästele in ihrem Werk *Und plötzlich wieder Single* (2011) schildert:

- Fluchttyp bzw. Vogel-Strauß-Haltung
- Beschuldigungshaltung
- Rumpelstilzchenhaltung
- Selbstverurteilungshaltung
- Opferhaltung

Vogel-Strauß-Haltung

Die Vogel-Strauß-Haltung zeichnet sich durch ein fluchtartiges Verlassen der Situation aus. Personen, die mit ihren Emotionen und Gedanken die Situation nicht aushalten können, verdrängen diese. Bei Gesprächen erfolgt der abrupte Abbruch in Form einer Flucht oder eines Themenwechsels. Solltest du hiervon betroffen sein, mache dir genau Gedanken über die Momente, in denen ein solches Verhalten auftritt. Versuche dabei herauszufinden, was genau das Unangenehme an den Momenten ist, in denen du die Flucht antrittst. Ist es die Wut? Oder die Angst? Oder aber Trauer? Lerne, mit Menschen über diese Emotionen zu sprechen. Nun, da sie dir bewusst sind, wäre eine Verleugnung gleichbedeutend damit, dass du deine eigenen Interessen nicht vertrittst. Diese sind für dein geistiges Wohl aber essenziell. Darüber hinaus verhilft dir die Offenheit, über deine emotionalen Regungen zu sprechen, in jeder zukünftigen Partnerschaft und ebenso bei der Verarbeitung der beendeten Beziehung.

Beschuldigungshaltung

Beschuldigungen bringen dich aus dem inneren Gleichgewicht. Sie weisen von dir weg und zeigen mit dem Finger auf andere Menschen, wie in diesem Fall evtl. deinen Partner. Tatsache ist, dass durch das komplette Vonsichweisen der Schuld keine lösungsorientierte Debatte stattfinden kann. Du verschließt der Debatte sämtliche Türen und forderst von Menschen Dinge und Kompromisse, die unfair sind und die du selbst zu erbringen nicht bereit wärst. Stelle dir selbst die folgenden Fragen, um herauszufinden, ob du die Beschuldigungshaltung einnimmst: Suchst du die Fehler nur bei Gesprächspartnern bzw. dem Ex? Wählst du bevorzugt „du"-Ansprachen, mit denen du die Beziehung nicht als ein „wir" betrachtest? Insbesondere am letzten Fall wird sich zeigen, wie tief die Bedeutung der Beziehung überhaupt für dich war. Denn wer kein „wir" ausspricht und nicht gemeinsam an Fehlern arbeitet, wird auch kein „wir" erleben; zumindest nicht auf lange Sicht.

Schuldzuweisungen sind zum Teil ein natürlicher Prozess, der aus dem Affekt heraus resultiert. Aber nach einiger Zeit – je früher, desto besser – solltest du bereit sein, die Argumente zu betrachten. Gewöhne dir zudem an, die Sätze mit „ich" zu beginnen und ein „weil" als Begründung anzuhängen. Beispiel: „Ich bin sauer, weil ..." Die Ich-Botschaft verdeutlicht, dass die Emotion deiner Wahrnehmung entspringt und macht Gesprächspartner offener fürs Gespräch.

Rumpelstilzchenhaltung

Rachsucht, Wut und Zorn fließen zu einem Cocktail aus Aggressionen und unberechenbaren Denk- sowie Handlungsweisen zusammen. Hier neigen Personen zu einem Kontrollverlust, der sogar körperliche Gewalt zur Folge haben kann. Sofern dies auf dich zutrifft, wirst du es bereits festgestellt haben. Insbesondere, wenn du dir mehrere Stunden oder Tage nach einem Ereignis die Frage stellst, ob du nicht doch überreagiert hast, ist die Antwort in der Regel ein „Ja". Ein immens wichtiges Instrument zur Bekämpfung dieser negativen Emotionen erhältst du am Ende des Kapitels mit den Ablassventilen. Diese sind im Hinblick auf eine Verarbeitung negativer Emotionen wichtig.

Selbstverurteilungshaltung

Die Selbstverurteilungshaltung ist das Gegenteil der Schuldzuweisungen. Anstelle den Partner zu verurteilen, gibt man sich selbst die volle Verantwortung für Fehler und Probleme. Dies ist insofern schlechter als die Schuldzuweisungen, als die Selbstverurteilung meistens sogar dazu führt, dass sich eine zum Scheitern verdammte Beziehung noch mehr in die Länge zieht. Möglicherweise fühlst du dich angesprochen, wenn du die folgenden Phrasen hörst:

- „Ich werde mich ändern."
- „Gib mir bitte noch eine einzige Chance!"
- „Ich habe alles falsch gemacht, aber liebe dich trotzdem!"

Vor lauter Mitleid wird der Partner eine Zeit lang erweicht und die Beziehung dauert an. Oder der Partner lässt sich nicht blenden und sieht ein, dass die Beziehung keinen Sinn mehr macht. Mit einer Trennung tut er allen Parteien einen Gefallen. Personen in der Selbstverurteilungshaltung schaden sich nämlich selbst, indem sie den eigenen Selbstwert untergraben. Erfolgt schließlich die Trennung, erfährt der Selbstwert noch einen letzten tiefen und schmerzhaften Riss.

Hilfreich ist an dieser Stelle, sich in Ruhe hinzusetzen und über die Verhaltensweisen der Gesprächspartner bzw. des Ex-Partners nachzudenken. Da ist sicher ebenso nichts perfekt, sondern fehlerhaft wie bei jedem anderen Menschen. Deswegen ist es essenziell, sich auf die eigenen Stärken zu fokussieren und die Schwächen in einem gesunden Rahmen wahrzunehmen, um sie nach und nach zu reduzieren. Mehr über den Selbstwert erfährst du im zweiten Schritt!

Opferhaltung

In der Opferhaltung bemängeln Personen die Situation sowie die Lebenszustände, in denen sie sich befinden. Allerdings wird nicht gehandelt. Mit zu geringem Antrieb ergibt sich ein Gefühl der Hilflosigkeit und Planlosigkeit. An dieser Stelle hilft nur Handeln. Doch wie entsteht der Antrieb zum Handeln? Er geht über die Erkenntnis, dass es immer mehrere Möglichkeiten gibt, die eigene Situation zu bessern. Allerdings muss dies über Aktivität und Maßnahmen erfolgen, alleiniges Abwarten reicht nicht aus.

Fazit: Beziehungsende als Aufbruch sehen

Die Beziehung ist vorbei. Und nun? Dann akzeptiere es und sehe es als eine wichtige Lehre an; eine Lehre, die dir aufzeigt, wo du eventuell noch den ein oder anderen Entwicklungsbedarf hast, um im Umgang mit Mitmenschen sowie künftigen Partnern eine bessere Figur abzugeben. Diese Arbeit an dir selbst wird dir bei der Verarbeitung und Akzeptanz der Trennung bedeutend helfen, da sie dich dazu animiert, neue Seiten an dir selbst zu entdecken. Warst du beispielsweise früher devot und hast dich von dem dominanten Partner bei allen Anliegen unterdrücken lassen, dann liegt der Fehler nicht nur bei diesem. Denn merkt ein Mensch, dass er zu viele Freiräume bekommt, wird er tendenziell sogar gegen seinen Willen dominant, weil er gezwungen ist, Entscheidungen zu treffen und sich dies angewöhnt. Durch die Arbeit an sich selbst mithilfe der Transaktionsanalyse und der Metaprogramme des NLP wird sich dein Umgang mit den Menschen grundlegend ändern, und zwar dahingehend, dass du diesen mit einem größeren Repertoire an Verhaltensweisen begegnen und spontan auf verschiedene Emotionen in der Interaktion reagieren wirst. Fange klein an, indem du zunächst vor jeder Aussage und Reaktion deinerseits in die Gefühlswelt der anderen Person eintauchst und deren Handeln hinterfragst. Im weiteren Verlauf wirst du anhand deiner neuen Denkweisen neue Verhaltensmuster in dir entdecken, die dir dabei helfen werden, von der devoten in die dominante, von der zurückhaltenden in die aggressive und in so viele weitere Haltungsweisen zu wechseln. Ansonsten wirst du in den Folgekapiteln immer wieder Anreize erhalten, um an dir selbst zu arbeiten.

Optimale Ablassventile für sich entdecken

Die sachliche Analyse und deine Arbeit an dir selbst werden das Auftreten negativer Emotionen nicht verhindern: Wut, Angst, Zweifel und/oder weitere emotionale Extreme werden an mehreren Stellen auftreten. Wie schon eingangs in diesem Kapitel erwähnt, gelten die Phasenmodelle der Psychologie im

Rahmen des Verarbeitungsprozesses nach wie vor. Da wir das Eintreten der Phasen nicht verhindern können, ist es unser Ziel, deren Verlauf zu beschleunigen. Für die negativen Emotionen sind dazu Ablassventile erforderlich. Dies sind Aktivitäten, bei denen du deine Emotionen aus dir herauslassen kannst. Dieses Prinzip ist bereits weitläufig bekannt, doch das Problem ist häufig: Niemand macht es! An dieser Stelle sei nochmals betont , dass es einer kompletten Umsetzung der Methoden bedarf, damit das gesamte Programm dieses Ratgebers erfolgreich verläuft und du den Liebeskummer erfolgreich überwindest. Wenn du nun das Ablassventil außen vor lässt, weil es dir nicht gefällt, aktiv zu sein, dann hast du eines nicht verstanden: Du bist wütend, trauerst oder hast anderweitig an etwas zu knabbern, und all das muss raus!

Wenn du die Emotionen nicht rauslässt, dann kapselst du diese in dir ein, was irgendwann zu einem Ausbruch an Emotionen ohne jegliche Selbstkontrolle führt. Ehe es die Familie, Freunde, der Arbeitgeber oder andere Parteien abbekommen, ist anzustreben, Wut, Ärger und Co. möglichst früh rauszulassen. Denn dann haben sie sich noch nicht angestaut und können kontrolliert werden.

Schreie es aus dir heraus!

Hast du schon mal gespürt, wie befreiend es sein kann, einfach zu schreien? Die Anstrengung, der erhöhte Blutdruck, die Macht, die Befreiung, die Unbefangenheit ... Wenn du in den Wald oder auf ein verlassenes Fabrikgelände gehst, dann störst du niemanden und bist ohne Hemmungen, lebst dafür aber deine gesamte Wut auf eine deutliche Art und Weise aus. Beschimpfe dabei deinen Partner gern, wenn notwendig auch dich selbst, denn bei all der Objektivität und Korrektheit der sachlichen Beziehungs- und Trennungsanalysen muss auch mal Raum für das Ausleben der persönlichen Emotionen gegeben sein! Wenn du vom Schreien zurückkommst und dich zuhause hinsetzt, wirst du dich befreiter fühlen. Zudem wirst du merken, dass du reichlich Energie verbraucht hast und dich entspannen. Zu guter Letzt sei gesagt, dass, wenn du diese „Schrei-Übungen" öfter machst, du das Verhalten verstärkt in den Alltag übernimmst, was nicht zwangsläufig bedeutet, dass du die Leute um dich herum anschreien wirst. Allerdings wirst du, sofern du früher eher ruhig warst, nun die Skala breiter besetzen und somit flexibler in der Interaktion mit Menschen sein.

Hinweis!

Das Schreien empfiehlt sich nicht für Personen, die ihre Emotionen bereits auf diese Weise ausleben. Menschen, die verbal schnell aus der Haut fahren, sollten sich in diesem Punkt eher in Ruhe üben und als Ablassventile die in den nächsten Absätzen folgenden Empfehlungen nutzen. Dadurch, dass sich die betroffenen Personen in Ruhe üben und die Wut anders herauslassen, erweitern sie Ihre Skala in Richtung der verbal ruhigen Seite und lernen mehr Selbstkontrolle durch andere Ablassventile.

Der Boxsack

Wohl kaum ein Accessoire steht so sinnbildlich für das Rauslassen der eigenen negativen Emotionen wie der Boxsack. Dabei geht es gar nicht um die richtige Technik, sondern vielmehr um die Erlaubnis, zuschlagen zu dürfen. Während dies bei anderen Menschen aus guten Gründen nicht erlaubt ist und unter die gesetzliche Straftat *Körperverletzung* fällt, verhält es sich beim Boxsack anders. Dieses spezielle Equipment lässt dich so oft zuschlagen, wie du möchtest! Viel mehr noch: Der Boxsack lässt sich nicht unterkriegen: Er pendelt immer wieder zu dir zurück und fordert dich aufs Neue, sodass du nur an einer Stelle aufhören kannst, wenn du die Boxeinheit richtig durchziehst; nämlich an der Stelle, an der du ausgepowert bist und alles zum Ausdruck gebracht hast, was überhaupt möglich war. All die Trauer, die Wut, den Schmerz, die Verzweiflung, den Ärger, den Neid, die Selbstzweifel. In diesem einen Raum gibt es nicht nur dich und den Boxsack, sondern das, was du in Zusammenspiel mit dem Boxsack loswirst: Die innere Belastung.

Siehe das Einschlagen auf den Boxsack nicht als einen Akt der Gewalt, sondern als einen Akt der Befreiung und der Kreativität. Denn jeder einzelne Schlag ist anders, wenn auch nur marginal, und bringt eine andere Intensität der Emotion zum Ausdruck.

Am Anfang schlägst du so doll wie möglich ein, weil du die komplette Fülle an Emotionen rauslässt. Mit der Zeit werden die Schläge langsamer und schwächer, weil fast alles gesagt ist. Zwischendurch kommt noch ein stärkerer Schlag, weil ein besonders belastender Gedanke aufkommt. Doch irgendwann ist es ausgestanden, zumindest für die erste Einheit ... Beim nächsten Mal geht es weiter, aber diesmal filigraner, weil du den Boxsack kennenlernst. Und mit ihm lernst du deine Gefühlswelt, die bisher vor dir verborgen blieb, näher kennen. Du weißt, welcher Schlag wie erfolgen muss, um die einzelnen Emotionen loszulassen und sich zu befreien. Deine Schritte werden eleganter und sehen die Bewegungen des Boxsacks voraus, ebenso wie du den Weg zur Beseitigung der Emotionen voraussiehst. Die so häufig von Boxtrainern und Sportlern gepredigte richtige Technik beim Boxen kommt intuitiv und mit dieser Technik lernst du dich selbst besser kennen; ein Ich, welches das optimale Ablassventil gefunden hat.

Glaubst du, dass dieser Ablauf der Verarbeitung deines Liebeskummers nicht möglich ist? Er ist es aber. Du musst dich nur aufraffen und regelmäßig den Boxsack nutzen. Sollte es an Platz mangeln, gibt es die praktischen kleineren Punchingballs, die es sowohl zum Aufhängen an der Wand als auch als Ständer gibt. Doch irgendwo im Keller dürfte es auch reichlich Platz für einen Boxsack in normaler Größe geben. Der unbestreitbare Vorteil der großen Variante ist, dass du hier den ganzen Körper gebrauchst:

- Du schlägst mit den Armen zu.

- Zwischendurch holst du mit den Beinen zu einem vorderen oder seitlichen Kick aus.
- Wenn es dir an Kraft mangelt, du aber noch was zu sagen hast, dann wirfst du dich gegen den Sack.

Tipp!

Neben einem Boxsack existieren künstlerische Möglichkeiten, die Emotionen zum Ausdruck zu bringen. Musikalisch veranlagte Personen profitieren dabei von den Musikinstrumenten, an denen sie sich ausdrücken können. Ebenso ist der Tanz eine künstlerische Ausdrucksweise, bei der die Emotionen zur Entfaltung kommen. Bei entsprechenden Interessen und fortgeschrittenen Fähigkeiten in diesen Bereichen ist eine Alternative oder ein zusätzliches Ablassventil zum Boxsack gegeben. Allerdings ist hierfür erforderlich, dass du das jeweilige Instrument bereits beherrschst. Denn die ersten Anläufe, wenn du z. B. am Klavier *Alle meine Entchen* spielst, verstärken aufgrund der neuen koordinativen Herausforderung die negativen Emotionen eher, anstatt diese fließend rauszulassen.

Sport

Kennst du das Schmerzmittel *Morphin* Den Morphinen gehören verschiedene Substanzen an, die eine schmerzlindernde Wirkung haben und in einen Rauschzustand versetzen. Es handelt sich um Opiate, also nichts anderes als Drogen. Sport hat das Potenzial, ebenfalls eine den Drogen ähnliche Wirkung zu entfalten und entsprechende Morphine auszuschütten.

In diesem Fall sind die endogenen Morphine gemeint, da sie im Körper selbst – also endogen – hergestellt werden. Man kennt sie unter dem Namen Endorphine als Glückshormone. Dazu gehören:

- Beta-Endorphin
- Serotonin

- Dopamin
- Oxytocin
- Phenetylamin

Dieser Cocktail aus Glückshormonen verschafft dir auf vielfältigen Ebenen ein stark verbessertes Gefühl. Je regelmäßiger, aktiver und überzeugter du sportlichen Aktivitäten nachgehst – dazu gehören übrigens ebenso Boxen und Tanzen –, umso mehr profitierst du von der Hormonausschüttung. Somit hat Sport nicht nur den Vorteil, dass er dir als Ablassventil dient, sondern zugleich **aktiv** durch eine Hormonausschüttung die negativen Emotionen lindert.

Dabei kommt Beta-Endorphin als ein Schmerzmittel zum Einsatz. Hast du dich schon gefragt, wieso du einen Schnitt mit dem Messer in der Küche tendenziell stärker wahrnimmst als eine große Schürfwunde, die du dir inmitten einer sportlichen Aktivität zuziehst? Grund dafür ist ein verstärktes Vorhandensein des Beta-Endorphins bei sportlichen Aktivitäten.

Das Serotonin reduziert Stress, Angst und Aggressionen, an deren Stelle Glück, Gelassenheit und Ausgeglichenheit treten. Noch dazu ruft Serotonin ein verstärktes Sättigungsgefühl hervor.

Dopamin wiederum greift den Beitrag des Serotonins zum positiven Gemütszustand auf und erweitert diesen um Motivation, Interesse und Antriebslust. Somit spielt dieses Hormon bei der Verarbeitung der Trennung dahingehend eine Rolle, dass es nicht nur temporär die Laune hebt, sondern dir durch das steigende Interesse und die Motivation erlaubt, die neuen Perspektiven und Chancen nach dem Beziehungsaus wahrzunehmen.

Oxytocin und Phenetylamin sind dahingehend interessant, dass sie dir einen Teil der Gefühle geben, die mit einer Liebesbeziehung verbunden sind: Es sind Kuschel- bzw. Lusthormone, die sowohl bei Männern als auch bei Frauen beim Austausch von Zärtlichkeiten, Massagen und Lustempfinden ausgeschüttet werden. Somit lassen sich durch den Sport zumindest in geringen Maßen die Einbußen des Single-Daseins kompensieren.

Welcher Sport hilft?

Grundsätzlich gilt: Je höher das Aktivitätslevel und je intensiver der Sport ist, umso stärker tritt die erwähnte Hormonausschüttung ein. Behalte dabei jedoch deine Gesundheit und deine körperlichen Möglichkeiten im Auge. Bewege dich in deren Rahmen, um keine Überforderung und Lustlosigkeit hervorzurufen. Es helfen somit alle Sportarten, die dich fordern, aber nicht überfordern. Möchtest du den Anfang beim Fast-Walking machen, dann tue dies. Traust du dir direkt den Boxsack zu, dann wähle diesen Weg. Als vorteilhaft erweist es sich zudem, wenn du unter Menschen kommst, wie dies in Fitnessstudios, Vereinen oder bei Gruppentreffs der Fall ist. Wieso neue Bekanntschaften eine Hilfe im Verarbeitungsprozess der Trennung sind, wirst du im Rahmen der sieben Schritte noch ausführlich erfahren.

Wo findest du den Anfang?

Die drei wesentlichen Methoden zum Rauslassen der Emotionen – Schreien, Boxen, Sport – sind dir bekannt. Es ist allerdings nicht ganz unwahrscheinlich, dass ein Großteil der Leser ohne klare Anweisungen nur an den Rand des Waldes gehen und halbherzig schreien wird, bis sich ein Pilzsammler bemerkbar macht und sie die Scham erfasst. Oder aber es werden die Joggingschuhe aus dem Schrank geholt und es werden ein paar zaghafte Laufeinheiten gemacht, ehe nach wenigen Tagen die Lustlosigkeit einkehrt.

Zunächst an all die Leser, die bereits den Bestellknopf für den Boxsack gedrückt oder ambitionierte Pläne für Waldbesuche und Sport geschmiedet haben: Sofern du schon jetzt vor Aktivität strotzt oder ohnehin regelmäßig aktiv bist, dann behalte dies bei. Fühle dich nicht von dem vorigen Absatz angesprochen. Du verrichtest eine sehr gute Arbeit!

Nun an die Leser, die – verständlicherweise – etwas Starthilfe und das Zusprechen von Mut brauchen: Es ist normal, wenn am Anfang bei vorgestellten Methoden Zweifel aufkommen oder eine gewisse Zaghaftigkeit besteht. Insbesondere Personen, die in sich gekehrt oder ruhig sind, werden zumindest beim Schreien oder beim Boxsack gedacht haben, dass dies so gar nicht zu ihnen passt, oder sich Sorgen machen, dabei beobachtet zu werden und sich lächerlich zu machen. Kannst du diese Einstellung nicht überwinden, dann suche dir einfach eine konventionelle Sportart wie das Joggen, Schwimmen oder den Ballsport aus. Übe diese dafür regelmäßig und mit Elan aus. Denkst du an die negativen Emotionen in dir, dann wirst du Lust bekommen, dich abzureagieren, und der Rest wird von selbst laufen!

Dementsprechend gibt es folgende Empfehlung, damit du Schritt für Schritt das Gewand der Zweifel und der Zaghaftigkeit ablegst und an dessen Stelle eine konsequente Emotionsverarbeitung rückt:

- Beginne mit einem Sport, der dir bereits vertraut ist, und übe diesen mindestens jeden zweiten Tag für eine Stunde aus – von der Intensität her im Rahmen deiner Möglichkeiten.
- Wechsele nach einigen Wochen in einen Sport, der dir mehr Interaktion mit anderen Menschen abverlangt, wie z.B. Lauftreffs, Vereinssports oder Wettbewerbe. Hier lernst du, mutig neue Bekanntschaften zu knüpfen.
- Sobald du dich bereit fühlst, suche dir einen Tag aus, an dem du mitten in den Wald gehst. Koppele es mit einem Spaziergang, ganz normal. Aber nimm eine Zeit lang – 10 bis 15 Minuten – die Gelegenheit wahr, einfach aus voller Inbrunst heraus zu schreien. (Urteile nicht vorab über diese Idee, sondern versuche es.)
- Wenn dir das Schreien zusagt, dann mache dies einmal pro Woche und bleibe ansonsten beim Sport – ob Boxen oder etwas anderes.

All diejenigen, die sich lieber einen individuellen Plan zusammenstellen, dürfen sich natürlich frei fühlen, dies zu tun.

Zusammenfassung: Akzeptanz geht über Analysen und Rauslassen der Emotionen

Um den Weg zur Akzeptanz zu beschleunigen, bist du auf ein gleichzeitiges Nebeneinander aus Analysen und Ablassventilen angewiesen. Fange – sofern noch nicht geschehen – am besten heute mit den ersten Analyseschritten an und nutze gleichzeitig bereits einem Ablassventil deiner Wahl; ob Joggen, Fitnessstudio, Schreien, sich am Instrument austoben oder einer anderen Aktivität nachgehen, ist dabei dir überlassen. Nur mache etwas! All die Zeit, die für eine kontraproduktive Verarbeitung der Trauer – wie etwa übermäßiger Schokoladenkonsum beim Schauen von Filmen oder Nichtstun, totale depressive Verstimmungen und Inaktivität – vergeudet wird, ist der Grund dafür, dass die Phasen des Verarbeitungsprozesses länger andauern und du zunächst eine Verschlechterung des Zustandes erfährst. Die Existenzialisten (eine philosophische Strömung) vertreten die Annahme, dass im Leben erst etwas passiert bzw. man erst aktiv wird, wenn man am Boden ist. Vereinzelt zeigt sich dies im Verarbeitungsprozess der Trennung: Viele Menschen stehen sich so lange selbst im Weg, bis sie sich emotional oder körperlich derart heruntergewirtschaftet und sich falsche Hoffnungen gemacht haben, dass sie förmlich aktiv werden **müssen**. Oder aber sie akzeptieren die Situation nicht und gehen ihrem Alltag vermeintlich wie gewohnt nach, wobei sie die Wut und alle anderen Emotionen in sich einschließen und darunter leiden; manchmal leiden sie sogar unterbewusst. Folge der Anleitung in diesem ersten Kapitel und du wirst merken, dass du durch die Aktivität in Form der Ablassventile und eine Analyse der Beziehung und Trennung schneller den Zustand akzeptieren wirst. Damit dir dies noch leichter fällt und du den Übergang vom Trennungsschmerz zum Glücklichsein schaffst, vermitteln dir die weiteren sechs Schritte elementare Erkenntnisse, die dir bei einem neuen Selbst- und Weltbezug eine entscheidende Hilfe sein werden.

Schritt #2: Selbstwert – Du bist einfach wundervoll!

Ungeachtet dessen, dass dein Partner einen Grund gefunden hat, sich zu trennen, gibt es nach wie vor eine Menge Menschen, die dich zu schätzen wissen und noch mehr Menschen, die dich zu schätzen wüssten, wenn sie dich kennenlernen würden. Doch der wichtigste Mensch, der dir Wertschätzung entgegenbringen sollte, bist stets du selbst. Zwar wird der Selbstwert von anderen Menschen beeinflusst, indem sie uns entweder loben oder kritisieren, bewundern oder missachten und mit weiteren Einstellungen gegenübertreten. Aber dennoch bist du selbst in der Verantwortung, dir ein selbstständiges Urteil über dich zu bilden. Wie du dafür sorgst, dass dieses Urteil möglichst positiv ausfällt, du dir deines Werts bewusst wirst und das unter Umständen nach einer Trennung gesenkte Selbstwertgefühl wieder anhebst, ist Gegenstand dieses Kapitels. Aber – da jeder Mensch auch seine Schwächen hat – wirst du lernen, dich ebenso mit deinen Schwächen auseinanderzusetzen; diesmal allerdings wirst du dies nicht auf eine demotivierende Weise machen, die deinen Selbstwert untergräbt, sondern auf eine konstruktive Weise, die dich im Alltag und im gesamten Leben entscheidend voranbringt.

Wie Trennung das Selbstwertgefühl senken kann

Eine Trennung kann an dem eigenen Selbstwert nagen. Obwohl Selbstwert per Definition in der Psychologie der Wert ist, den **wir uns selbst beimessen**, kommt es dennoch vereinzelt dazu, dass die eigene Wertschätzung durch äußere Einflüsse sinkt. Zwar prägen uns die Karriere, das Ansehen, die Macht sowie viele weitere Dinge, wie auch immer man sie nun näher definieren mag. Doch einzelne Geschehnisse versetzen psychisch einen derart starken Stich, dass sie aufgrund ihres

Ausmaßes plötzlich über die vielen positiven Aspekte in verschiedenen Bereichen des eigenen Lebens hinwegtäuschen. Ein nur allzu deutliches Beispiel für die möglichen radikalen Auswirkungen einer Trennung auf das eigene Selbstwertgefühl offenbarte ein Interview mit dem Psychiater Prof. Dr. Josef Aldenhoff[1], der als Facharzt für Psychiatrie und Psychotherapie sowie als Paartherapeut in Hamburg tätig ist und sich für das *Magazin GEO Wissen Nr. 62 „Lebenskrisen überwinden"* interviewen ließ.

Darin berichtet er von einem Fall, in dem beide Partner für die Trennung waren. Grundsätzlich war nun die Annahme berechtigt, dass ein friedlicher Trennungsprozess stattfinden könnte oder dass zumindest beide am Ende mit der Trennung einverstanden wären. Doch überraschenderweise war dem nicht so. Die Frau fasste das Vorhaben, sich zu trennen, und wollte mit ihrem Partner gerade darüber sprechen, als dieser ihr zuvorkam und die Beziehung beendete. Obwohl dies in ihrem Sinne war, brachen bei ihr emotional alle Dämme. Nach Aussagen des Prof. Dr. Aldenhoff habe sich die Frau gekränkt gefühlt und sogar Suizidgedanken in der Zeit nach der Trennung gehabt.

Es lässt sich unter vielen Erklärungsansätzen mutmaßen, dass in diesem Fall das Selbstwertgefühl dadurch gekränkt war, dass die Frau eine Entscheidung gegen sich in Kauf nehmen musste. Anstatt die Trennung selbst zu vollziehen, musste sie sich plötzlich damit konfrontiert sehen, dass ihr Partner mit ihr nicht zufrieden war. Damit einher gehen mehrere Fragen:

- Wieso war er nicht mit mir zufrieden?
- Was habe ich falsch gemacht?
- Denken andere Menschen genauso über mich?
- Wie werde ich mich in anderen Beziehungen machen?

[1] https://www.geo.de/magazine/geo-wissen/19942-rtkl-beziehungsende-wie-sie-eine-trennung-am-besten-verarbeiten

Besonders problematisch ist an dieser Stelle die Tatsache, dass diese Fragen im Trubel der Emotionen eine hektische Struktur annehmen und unbeantwortet bleiben. Dies nagt an der Wertschätzung sich selbst gegenüber umso mehr. Du hast den Vorteil, dass du im Rahmen des ersten Kapitels bereits Antworten auf diese Fragen erhalten hast ...

Analyse als Quelle für Antworten auf die wichtigsten Fragen

Mit Hilfe der Beziehungsanalyse aus dem ersten Schritt hast du die Antworten auf die aufkeimenden Fragen erhalten. Schließlich hast du die Beziehung nicht ohne Grund auch aus dem Blickwinkel deines Partners betrachtet: Du weißt nicht nur, was diesem nicht gefiel, sondern kannst dies mittlerweile entsprechend gewichten. Hat er übertrieben oder war die Kritik berechtigt? Du hast dies im Zuge des ersten Schritts im letzten Kapitel herausgefunden. Durch die offene Kommunikation aus dem ersten Kapitel wirst du von nun an mit Menschen darüber reden, wie diese dich sehen. Darüber hinaus werden dir die Metaprogramme dabei eine Hilfe sein, dein Verhalten flexibler an andere Menschen anzupassen. Dies alles ist bereits ein großer Zugewinn und klärt viele Fragen auf, die nach dem Liebes-Aus aufkommen und dich im Dunkeln lassen könnten. Gehe diese Arbeit langsam, aber konzentriert an:

- War das Kauen an den Fingernägeln ein großes Problem? Dann suche und finde Wege, dir dies abzugewöhnen; beispielsweise durch Ratgeber, Kurse oder mit Hilfe von Familie und/oder Freunden.
- Hast du zu sehr geklammert? Dann hinterfrage, woran es lag und finde Wege, dies zu mindern. Hattest du zum Beispiel selbst zu wenige Hobbys und konntest deswegen nicht von deinem Partner ablassen, wenn dieser bei dir war, dann suche dir Zeitvertreibe, damit du beim nächsten Mal ausgeglichener bist.
- Ist es dir schwergefallen, deinem Partner zu vertrauen? Dann überlege, wie du in der nächsten Beziehung

oder allgemein im Umgang mit Menschen dieses Problem verringern kannst; z. B. durch Aktivitäten, die gegenseitiges Vertrauen erfordern, mehr Kommunikation und ähnliche vertrauensfördernde Maßnahmen.

Diese wenigen Beispiele sind keineswegs dazu in der Lage, dir die komplette Bandbreite möglicher Probleme und Lösungsansätze zu schildern. Dafür sind die aufkeimenden Fragen zu breit gestreut und schweifen zu stark vom eigentlichen Thema des Ratgebers ab. Aber die Richtung kennst du nun. Finde Antworten auf die Fragen, die bei dir nach der Trennung auftauchen und den Selbstzweifel fördern! Beziehungsanalysen und Wechsel in den Blickwinkel des Partners helfen dir dabei entscheidend. Sollten bei dir keine Fehler feststellbar sein, dann wirst du dies schwarz auf weiß sehen, was bereits förderlich zum Selbstwertgefühl beiträgt.

Führe dir vor Augen, worin deine Stärken liegen

Stelle dir ein Bücherregal vor. Dieses Regal ist gefüllt mit verschiedenen Lebensbereichen und Charaktereigenschaften, wie z. B.:

- Beziehungen (alle Arten zwischenmenschlicher Beziehungen)
- Karriere
- Hobbys
- Aussehen
- Selbstständigkeit
- Intelligenz
- Disziplin

Jeder dieser Aspekte beansprucht ein Regal für sich. Dieses Regal ist entsprechend den eigenen Fähigkeiten gefüllt. Bist du beispielsweise diszipliniert, dann ist das Regal reichhaltig mit Büchern gefüllt. Weist du hingegen wenige Hobbys auf, so ergeben sich hier Leerstellen in dem Regal.

Diese Leerstellen sind in dem Regal eines jeden Menschen zu finden. Sogar bei dem erfolgreichsten Menschen lassen sich genug Eigenschaften finden, um am Ende ein komplett leeres Regal dastehen zu haben. „Ernüchternd; dieser Mensch, der so erfolgreich ist, hat so wenig zu bieten", würde man sich denken. Aber was macht diesen Menschen überhaupt erst erfolgreich? Die wenigsten Erfolgsmenschen schaffen es an ihre Position, indem sie sich ihr Leben lang mit den leeren Regalen befassen und nur auf die Dinge schauen, die sie nicht beherrschen. Sie schauen darauf, was ihnen liegt und worin sie gut sind. Sie betrachten lieber die vollen Regale und fokussieren sich dazu auf Lebensbereiche, in denen ihre Stärken liegen. Durch die Betrachtung dieser Lebensbereiche kommt es überhaupt erst zu vollen Regalen und einem hohen Selbstwertgefühl, welches die Menschen motiviert. Schließlich instrumentalisieren die Erfolgsmenschen die eigenen Stärken, um ihre Ziele zu erreichen. Wenn zum Erreichen eines Ziels der Zugriff auf ein Regal notwendig wird, welches leer ist – also eine Schwäche –, dann eignen sich die Menschen Wissen, Fähigkeiten und andere Ressourcen an, damit das Regal voll wird und die Schwäche beseitigt wird. Doch auf die Idee, nur die Schwächen zu betrachten, kommen glückliche und erfolgreiche Menschen nicht.

Bei jedem Menschen lassen sich Möglichkeiten finden, das Regal zu füllen oder zu leeren. Für den Weg zur Selbstwertschätzung ist das volle Regal der bessere Weg:

- Bist du mit deinem Aussehen nicht zufrieden? Dann hast du innere Werte, um die dich andere beneiden!
- Hast du das Gefühl, nicht über genug Allgemeinwissen zu verfügen? Aber das kompensierst du herausragend mit deinem sympathischen Wesen!
- Gehört die Disziplin nicht zu deinen Stärken? Dafür bist du wahnsinnig talentiert, was die fehlende Disziplin kompensiert!
- Ist deine Karriere am Bröckeln? Na und: Dein fantastischer Freundeskreis gleicht das ausgezeichnet

aus und erfüllt dein Leben mit Freude!
- Die Beziehung ist gescheitert, weil du zu sehr geklammert hast? Dafür bist du in der Lage, Zuneigung zu zeigen und dich für deinen Partner zu begeistern!

Im Grunde genommen kannst du aus rein persönlichem Blickwinkel das Argument, du hättest zu sehr geklammert, in ähnlicher Weise an deinen ehemaligen Partner zurückgeben: Vielleicht hat er zu wenig geklammert und selbst ein leeres Regal mit begrenzten Eigenschaften in den einzelnen Lebensbereichen?

Zweifelsohne wäre das ein kontraproduktiver Gedanke, da er von einem eventuellen Problem ablenken würde, an dem du noch zu arbeiten hast. Aber der Gedanke zeigt, dass Schwächen auch in Stärken umgekehrt werden können. Es ist eben alles eine Ansichtssache ...

Wir klammern und wir lassen los.
Wir sind stark und wir sind schwach.
Wir sind konsequent und wir sind unentschlossen.
Wir sind gehemmt und wir sind völlig losgelassen.
Wir sind schön und wir sind unschön.
Aber über allem sind wir eines: Wir sind, wer wir sind!

Tatsächlich variieren die Stärken und Schwächen mit der jeweiligen Situation. Auch die Umgebung hat einen Einfluss darauf. So verwundert es wenig, dass Personen, die normalerweise in sich gekehrt sind, in engen Freundeskreisen sowie der Familie in der Lage sind, komplett andere Menschen zu sein. Also sind die Leute nun in sich gekehrt oder nicht? Schwer, dies eindeutig zu beurteilen ...

Wir erkennen, dass eine Debatte über Stärken und Schwächen nicht mit einem klaren „Ja" oder „Nein" zu den jeweiligen Attributen abgehakt ist. Dafür ist die gesamte Sachlage zu komplex. Wie wäre es also, das Urteil nicht anderen, sondern, wie es der Begriff *Selbstwert* vorsieht, **sich selbst zu überlassen**. Nimm deswegen die Gelegenheiten wahr, dir deine Stärken vor Augen zu führen.

Die eigenen Stärken entdecken

Um die eigenen Stärken zu entdecken, fange zunächst damit an, eine Tabelle anzufertigen, bei der in der linken Spalte pro Zeile ein Lebensbereich bzw. eine Charaktereigenschaft steht. In der rechten Spalte sammelst du deine Stärken. Dies könnte so aussehen:

Bereich	**Stärken**
Freizeit	Ich bin kreativ, weil mir immer etwas Neues und Ungewöhnliches einfällt Malen liegt mir sehr
Beruf	Ich komme immer pünktlich Meine Arbeit hat eine hohe Qualität Ich habe viele Perspektiven
Freunde	Meine Freunde sind immer für mich da, wenn es hart auf hart kommt und ebenso in guten Zeiten Wir machen gemeinsam ständig etwas Neues
Zielstrebigkeit	Ich erreiche meine Ziele häufig

Schreibe die Stärken ohne „wenn" und „aber" auf. Wenn du deine Ziele also häufig erreichst, **aber** nicht immer, schreibe nicht das „aber" mit auf. Es trübt nur die Wahrnehmung. Jetzt geht es nur darum, kompromisslos auf deine Stärken zu schauen! Stöbere auf der Suche nach deinen Stärken auch in Bereichen, denen du normalerweise kaum Beachtung schenkst. So entdeckst du neue Stärken und überraschst dich selbst ein ums andere Mal positiv. Verstehe diese Tabelle nur als kleines Beispiel. Deine Tabelle sollte über mehrere Tage regelmäßiger Arbeit wachsen und dir in 20 oder mehr Zeilen zeigen, wie wundervoll du bist!

Ein wissenschaftlich angesehenes Modell, um die eigenen Stärken und Schwächen herauszufiltern, ist das *Hierarchische Selbstkonzeptmodell* nach Shavelson, Hubner et al. (1976). Es wird in der Psychologie als richtungsweisend und empirisch überprüfbar aufgefasst[2] und hat als eines der wenigen aus einer Reihe verschiedenster Modelle aus der Selbstkonzeptforschung eine fundierte Daseinsberechtigung.

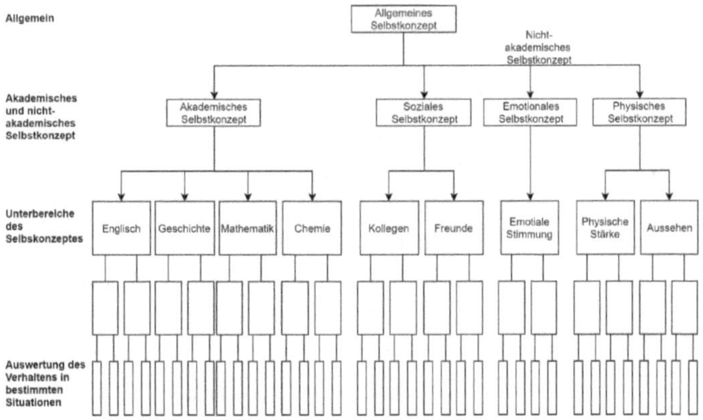

Sollte dir die tabellarische Darstellung nicht zusagen oder aber diese grafische Übersicht besonders passend erscheinen, dann kannst du deine Stärken (später auch die Schwächen) nach diesem Muster aufschreiben.

An oberster Stelle steht dabei das generelle Selbstkonzept; also die Auffassung, die du insgesamt über dich selbst hast. Dieses wird in die akademische sowie die nicht-akademische Meinung von dir über dich selbst unterteilt. Der Begriff „akademisch" lässt sich synonym als Allgemeinwissen und schulische Bildung auslegen. Es ist somit Bücherwissen. Darunter fallen einzelne Fächer, wie in der grafischen Darstellung, oder aber eine individuelle Einteilung, die du nach deinem Ermessen vornimmst. Auf der nicht-akademischen Seite steht wiederum alles, was nicht direkt dem Allgemeinwissen zuzuordnen ist:

[2] http://othes.univie.ac.at/8454/1/2010-01-24_0402611.pdf

- Soziales Selbstkonzept: Wie wirken deine nahen Bezugspersonen und sonstige auf deinen Selbstwert ein?
- Emotionales Selbstkonzept: Welche emotionalen Zustände erlebst du häufig und welche Konsequenzen haben sie für dein Selbstwertgefühl?
- Physisches Selbstkonzept: Inwiefern fördern oder untergraben deine körperlichen Fähigkeiten sowie deine äußere Erscheinung deinen Selbstwert?

Am unteren Ende findet sich noch eine weitere Zeile; nämlich die Bewertung des Verhaltens in spezifischen Situationen. Dieser Punkt ist für dich besonders wichtig und zeigt zugleich, wie differenziert und durchdacht das Modell ist. Denn je weiter unten die Hierarchiestufe ist, umso instabiler und vorhersehbarer werden die Reaktionen und Handlungen. So kann es sein, dass deine Selbstwertgefühle auf einem Tiefpunkt sind, aber du in einem Teilbereich der Physik oder in einer bestimmten Sportart (wäre den physischen Fähigkeiten zuzuordnen) hohe Selbstwertgefühle verzeichnest, da du hier besonders gute Leistungen lieferst und dir deiner Qualitäten bewusst bist. Inwiefern ist dieser Punkt, dass in den untersten Hierarchien das Modell instabiler wird, wichtig für dich? Nun: Hier entdeckst du deine Stärken bei geringem Selbstwertgefühl und deine Schwächen bei hohem Selbstwertgefühl. Beides ist wichtig:

1. Je eher du dir bei geringen Selbstwertgefühlen deiner Stärken bewusst wirst, umso eher wird dein Selbstwert steigen und umso eher wirst du Mut finden, an den verbleibenden Schwächen zu arbeiten und dich konsequent weiterzuentwickeln.
2. Je eher du dir bei hohem Selbstwertgefühl deiner Schwächen bewusst wirst, umso weniger wird die Wahrscheinlichkeit bestehen, dass du dem Größenwahn verfällst und unverbesserlich wirst.

Letzteres ist übrigens ein potenzieller Trennungsgrund: Eine Person hält sich für besser und lässt den Partner nicht zu Wort kommen. Doch zu den Schwächen kommen wir später ...

Zunächst gehen wir von den Stärken aus, die du bis hierhin idealerweise zusammengetragen hast. Und hast du nicht mindestens 20 Stärken gefunden, dann setze dich nochmal ran, um mindestens 20 für eine solide Basis und ein besseres Selbstwertgefühl beisammen zu haben.

Nachdem du selbst zusammengetragen hast, was dich stark macht, sind folgende weitere Maßnahmen hilfreich, um eigene Stärken aus der Verborgenheit an die Oberfläche zu holen:

- Eng vertraute Personen fragen, was diese an dir wertschätzen
- Dich an Ereignisse erinnern, in denen du gelobt wurdest
- Einen Notizblock mit dir führen und während des Tagesablaufs die positiven Momente aufschreiben

Vermeiden: Zu viele Bedenken

Eben hier stellt sich dir ein Problem in den Weg, welches die Phasen beim Verarbeitungsprozess der Trennung verlängert: Die Bedenken.

Bedenken und Grübeleien sind dafür verantwortlich, dass du verhandelst (Phase 3 nach Kübler-Ross) oder nach deinem Partner suchst (Phase 3 nach Verena Kast). Und zwischendurch in den Phasen ist es ebenfalls präsent: Das Grübeln, welches dich die Fehler bei dir selbst suchen lässt und den Selbstwert noch stärker untergräbt. Das *Grübeln* wird nicht umsonst von der Bedeutung her vom *Denken* getrennt. Während das Denken ein geistlich neutraler Akt ist, der sowohl in die positive als auch negative Richtung ausschwenken kann, wird das Grübeln im Volksmund vermehrt für negative Gedanken, Bedenken und nicht zielführende gedankliche Vorgänge genutzt. Ohne Zielführung passiert es, dass du dich mit den Gedanken im Kreise drehst, ohne eine Lösung zu finden. Fast wie eine Spirale, die zunehmend tief in dein Bewusstsein dringt, drehen sich die negativen Gedanken in deinem Verstand. Vermeide es!

Doch wie?

Zunächst hilft es dir, dich an Situationen zu erinnern, denen du im Leben bereits mit Bedenken begegnet bist, die im Nachhinein aber einen positiven Ausgang hatten. Nahezu jeder Leser wird sich mit der Schulzeit identifizieren können, wo die Bedenken, eine Klausur nicht bestanden zu haben, groß waren. Am Ende gab es eine gute Note.

Oder denke zurück an das erste Date, bei dem du mit wackligen Beinen ankamst und nicht wusstest, worüber du reden solltest. Am Ende fand sich etwas und alles nahm eine gute Wende.

Was erkennst du in diesen oder ähnlichen Situationen? Die Grübelei und Bedenken sind nicht die Realität, sondern nur Gedanken. Allerdings haben sie das Potenzial, zur Realität zu werden, sofern negativ gedacht wird. Womöglich hast du von der *selbsterfüllenden Prophezeiung* oder dem *Gesetz der Anziehung* gehört: Mit unseren Gedanken ziehen wir entweder Glück oder Pech an. Sind sie positiv, wird es das Glück, bei negativen Gedanken wiederum das Pech. Dies mag nun weit hergeholt erscheinen, aber wenn du bedenkst, dass durch negative Gedanken und Einstellungen deine Körpersprache, Konzentration und Motivation leiden, dann ist der Schluss nur allzu logisch, dass optimistischere Menschen Vorteile haben. Der Optimismus bewirkt einen positiven Blick auf die eigene Person und steigert dadurch das Selbstwertgefühl.

Fällt es dir schwer, dies in die Tat umzusetzen und durch die Erinnerung an bestimmte Situationen zu verinnerlichen, dass Grübeleien nicht zielführend sind, dann schalte einfach mal ab: Gehe oder fahre irgendwohin, wo es ruhig ist, und lausche deinem Inneren. Folge dabei den Grübeleien, ohne in irgendeiner Form zu werten. Lasse sie innerlich vorbeiziehen, denn vielleicht sind die Gedanken deswegen so verbissen an dir dran, weil du diese krampfhaft zu unterdrücken versuchst?

Ansonsten funktioniert das übliche, bereits besprochene Programm, um die Grübeleien loszuwerden. Wenn du deine Emotionen im Wald, am Boxsack, im Fitnessstudio oder anderweitig rausgelassen hast, dann werden Grübeleien zunehmend zur Randerscheinung.

Arbeit an den eigenen Defiziten, wenn nötig

Zu guter Letzt ein weiteres Instrument, das dir gegen geringen Selbstwert hilft: Die Arbeit an den eigenen Schwächen bzw. Defiziten, um die persönlichen Fähigkeiten zu steigern. Hast du bei dir bestimmte Defizite entdeckt? Das ist sogar sehr wahrscheinlich, schließlich ist kein Mensch perfekt. An deinen Defiziten zu arbeiten, lernst du in diesem Abschnitt des Buches. Doch eines sei bereits vorab gesagt: Defizite sind kein Grund, an sich selbst zu zweifeln und die eigene Selbstwertschätzung zu untergraben. Denn während auf der einen Seite Schwächen bestehen, gibt es auf der anderen Seite Stärken.

Die Kunst des Lebens ist es, seine Schwächen zu registrieren, aber zugleich auf die vielen persönlichen Stärken stolz zu sein. Findet gleichzeitig im Rahmen der Möglichkeiten eine Arbeit an den eigenen Schwächen statt, ist die Grundlage für eine gesunde und zielgerichtete Charakterentwicklung gegeben.

Versuche, den Blick auf einige deiner vermeintlichen Schwächen zu werfen. Unter Umständen sind dir einige besonders bewusst oder du hast sie aus der Beziehungsanalyse aufgegriffen. Nun wird in die Tiefe gegangen, um dir einen Weg aufzuzeigen, wie du jede Schwäche ...

1. ... richtig einordnest und gewichtest.
2. ... mit den richtigen Mitteln reduzierst.
3. ... unter Umständen sogar in eine Stärke umwandelst.

Einordnung und Gewichtung

Unter den Aspekt der Einordnung und Gewichtung fällt die Frage: Hat der Partner mit seinen Beschwerden und Ärgernissen übertrieben oder hatte er Recht?

Tatsächlich ist es nicht nötig, jeden Makel auszumerzen. Einige Makel sind sogar sympathisch; je nachdem, wie eine bestimmte Person den Makel wahrnimmt. Im Nachhinein vermissen manche Menschen nicht nur die Anwesenheit und die großen Charakterausprägungen ihres Partners, sondern auch kleine Dinge und sogenannte „Ticks", wie das permanente Streichen durch die Haare oder das Richten der Brille. Du weißt schon, welche kleinen Dinge gemeint sind …

Wurden bei dir die kleinen Gewohnheiten kritisiert? Dann musst du zunächst hinterfragen, ob das Ausmaß der Kritik – also die Einordnung und Gewichtung – berechtigt war. Solltest du deine Fingernägel gekaut haben, bis die Finger blutig waren und die Fingernägel nur ein Schatten ihrer selbst, dann wird die Kritik berechtigt gewesen sein. Unter Umständen deutet dies auf tiefgreifende Probleme wie Stress oder Angstzustände hin, die sogar eine Therapie erfordern. Noch deutlicher wird es beim Ritzen, was nicht mehr den kleinen Gewohnheiten, sondern einer systematischen Selbstverletzung zuzuordnen ist. Aber wenn die Gewohnheiten kaum zu bemerken waren und selbst in Gesellschaft kaum auffielen, dann ist die Kritik deines Partners höchstwahrscheinlich überzogen gewesen.

Gleiches gilt neben den Gewohnheiten für die Charaktereigenschaften: Sollten deiner Familie und deinen Freunden sowie Arbeitskollegen Eigenschaften nicht aufgefallen sein, die dafür deinem Partner aufgefallen sind, dann sind auch hier vorerst Zweifel an der Kritik des Partners angebracht.

Fazit

Ordne durch Hinterfragen die Berechtigung der Kritik an dir richtig ein! Nutze zur Beurteilung einerseits deinen eigenen Verstand, frage andererseits möglichst viele Bezugspersonen, ob sie die entsprechenden Schwächen bei dir irgendwann mal festgestellt haben. Dadurch wird es dir gelingen, herauszufinden, worin sich wirklich Schwächen verstecken und wo aus einer Mücke ein Elefant gemacht wurde.

Reduktion der Schwächen mithilfe der richtigen Mittel

Fertige eine Liste berechtigter Schwächen an, die du aus der Beziehung oder dem Alltag identifiziert hast. Ein Beispiel:

- Zwanghaftes Zwinkern mit einem Auge
- Geringe Selbstständigkeit
- Wenige Interessen

Unabhängig davon, welche Schwäche besteht, ist das richtige Mittel immer: Aktivität. Darunter fallen verschiedene Aktivitäten, die wir anhand von drei Beispielen erörtern.

Das zwanghafte Zwinkern mit einem Auge ist den Ticks bzw. Gewohnheiten zuzuordnen. Die Erfahrung lehrt, dass diese mit der Zeit sogar von selbst verschwinden. In Einzelfällen ist die Gewohnheit jedoch so stark etabliert, dass sie bereits mehrere Jahre besteht oder immer wiederkommt. Dann hilft es, Gegenmittel parat zu haben. Hierbei erweisen sich beispielsweise Knetbälle als nützlich, die du dann knetest, wenn du merkst, dass dich die Gewohnheit überkommt. Insbesondere beim Fingernägelkauen ist dies hilfreich, da dadurch die zum Kauen notwendigen Finger anderweitig beansprucht werden. Ebenso erweist sich das Kneten spezieller Bälle beim Augenzwinkern als Mittel, da es das Gehirn koordinativ anderweitig fordert und somit vom Zwinkern ablenkt. Neben einzelnen Gegenständen wie den Knetbällen gibt es eine Reihe an Ratgebern im Internet, Websites oder Apps, die dabei helfen, Gewohnheiten und Ticks loszuwerden. Ein Beispiel für eine solche und beliebte App ist *Fabulous*.

Widmen wir uns den tiefgreifenderen – weil charakterlich geprägten – Defiziten. Dies sind die Punkte „geringe Selbstständigkeit" und „wenige Interessen" aus der obigen Aufzählung. Hier ist angeraten, dass du dich sukzessiv in diesen Bereichen forderst. Solltest du beispielsweise bereits bei den kleinsten Dingen in selbstständiger Durchführung Probleme haben, dann fange damit an, den Haushalt allein zu schmeißen.

Dies wird genug Herausforderungen für dich bereithalten. Angesichts von Plattformen wie YouTube und anderen sozialen Medien mangelt es definitiv nicht an Anleitungen, wie man kocht, die Waschmaschine anschmeißt oder anderen Pflichten nachkommt. Sind diese elementaren Bestandteile der Selbstständigkeit gesichert, dann taste dich vor, indem du eine Stufe höher gehst. Beispiele:

- Job, oder zumindest Minijob, suchen
- Fortbildung machen
- Verantwortung für andere übernehmen

Und die wenigen Interessen? Jetzt zu sagen, dass du einfach bei einem beliebigen Thema anfangen solltest, dich zu informieren und auf diese Weise Interessen zu entwickeln, wäre zu optimistisch. Interessen entwickeln sich nämlich oder kommen mit einem plötzlichen Ereignis auf. Um dies zu erreichen, ist ein persönlicher Bezug nützlich: Womit bist du verstärkt konfrontiert? Greife dies auf und gucke, welche Interessen sich davon abzweigen. Weitere Option: Steige auf praktischem Wege in ein neues Thema ein, indem du an einen beliebigen Ort gehst, was z. B. ein Kochkurs sein könnte. Durch die Praxis werden mehr Hirnareale beansprucht und die Dinge einfacher als in der bloßen Theorie. Du wirst tendenziell eher Interessen entwickeln und an diesen dranbleiben.

Fazit

Der Weg zur Beseitigung deiner Schwächen führt bei simplen Gewohnheiten über simple Maßnahmen, wozu Ablenkung durch Gegenstände und Aktivitäten, Ratgeber oder Apps gehört. Bei charakterlichen Eigenschaften ist die kontinuierliche Verbesserung durch regelmäßiges Fordern möglich. Fange klein an und gehe den Weg mit Geduld.

Schwächen in Stärken umwandeln

Durch ein kontinuierliches Anheben des regelmäßigen Forderns werden die Schwächen nicht nur minimiert oder gar beseitigt, sondern unter Umständen sogar in Stärken umgewandelt. Sobald dich bereits bekannte Personen für Dinge loben, wo zuvor Zweifel bestanden oder von Schwächen gesprochen wurde, darfst du davon ausgehen, dass du auf dem richtigen Wege bist. Sofern gar dir zuvor unbekannten Personen auffällt, wie gut du entsprechende Dinge beherrschst – indem du beispielsweise als äußerst selbstständig oder belesen bezeichnet wirst –, besteht die Wahrscheinlichkeit, dass du die entsprechende Schwäche in eine Stärke umgewandelt hast. Damit du dich im Rahmen dessen nicht überforderst, ist empfohlen, dass du dir realistische Ziele setzt und diese in kleine Etappen aufteilst. So musst du nicht ständig einem großen Ziel hinterherlaufen, sondern machst merklich Fortschritte, weil du dich Etappe für Etappe dem großen Ziel annäherst.

Um ein konkretes Beispiel anhand der Selbstständigkeit zu geben: Das Ziel der Selbständigkeit teilst du in vier Etappenziele auf und legst das Zeitfenster zum Erreichen dieser Zwischenziele fest:

1. Richtigen Umgang mit Haushaltsgeräten lernen und Ordnung in der Wohnung halten -> 2 Wochen
2. Selbstständig kochen -> 3 Wochen
3. In den Abendstunden lesen, um sich aus eigenem Antrieb selbst weiterzubilden -> Ab der fünften Wochen jeden dritten Tag zusätzlich einbauen
4. Führerschein machen

Dies stellt bereits einen beachtlichen Weg in Richtung Selbstständigkeit dar – wird dieser so begangen, dann kann definitiv nicht mehr von einer unselbstständigen Person gesprochen werden.

Um ein reales Beispiel einzubringen, dass dieser Weg keineswegs unrealistisch ist: Eine Frau hatte nach der Scheidung von ihrem Mann ausgeprägte Selbstzweifel, weil diese Scheidung „schmutzig" verlaufen war. Dies bedeutet, dass der Gang vor das Gericht notwendig gewesen war und sich die beiden wüste Beschimpfungen an den Kopf geworfen hatten. Der Mann, ein Erfolgs- und Karrieremensch, der den Haushalt finanziert hatte, hatte sich über die Frau lustig gemacht, dass sie ohne ihn nicht klarkommen würde, da sie weder Führerschein noch besondere Qualifikationen für einen Beruf oder ähnliches vorzuweisen hatte. Sie fasste direkt nach der Scheidung den Entschluss, „es ihm zu zeigen". Folglich suchte sie sich einen Job, machte den Führerschein und hielt mit ihrem Wagen lächelnd vor dem ehemaligen Zuhause bei ihrem Mann an. Sie klopfte an und hielt ihm einen einstudierten Vortrag. Er wollte sich unbeeindruckt zeigen, doch man merkte ihm die Überraschung ob des Erfolgs seiner Frau an. Und auch wenn sie keinen Wagen der Luxusklasse fuhr, wusste ihr ehemaliger Mann dies als großen Erfolg einzuordnen und sie umso mehr. Auch ohne diesen Besuch hatte sie ihr Selbstwertgefühl beträchtlich aufgewertet, doch mit diesem Besuch hatte sie das i-Tüpfelchen auf die turbulenten und entschlossenen erfolgreichen Monaten nach der Scheidung gesetzt.

Zusammenfassung: Stärken fokussieren und mit Geduld an Schwächen arbeiten

Du hast anhand der Allegorie des Regals gelernt, dass jeder Mensch sich als stark oder schwach bzw. wertvoll oder wertlos darstellen kann. Die Wahrnehmung eines Menschen in Bezug auf seine Qualitäten und Talente hängt immer davon ab, durch wen und in welcher Situation sie erfolgt. So braucht man sich nicht wundern, dass am Anfang einer Beziehung der Partner noch von einer anderen Seite beäugt und bewertet wird als mit Fortschreiten der Beziehung. Wie du von anderen Menschen und deinem Ex bei der Trennung wahrgenommen wirst, spielt dementsprechend zunächst nur eine kleine Rolle. Wichtig ist, dass du dich selbst wertschätzt. Dies geschieht, indem du dich mit dir selbst auseinandersetzt. Damit jedoch eine charakterliche Weiterentwicklung stattfindet, die das eigene Selbstwertgefühl fördert, ist es essenziell, zu anderen Menschen Kontakt zu halten und sich mit ihnen darüber zu unterhalten, wie sie dich wahrnehmen. Anschließend filterst du die Kritik heraus, die nach deinem Ermessen berechtigt erscheint, und arbeitest an dir. Greife dabei eine Schwäche nach der anderen auf, achte aber ansonsten darauf, dass dein Regal positiv – also mit vielen Stärken – bestückt ist. Gehe sukzessive die Schwächen an und gestehe dir darüber hinaus deinen Wert in vielen Bereichen ein, dann wird dir der Verarbeitungsprozess der Trennung vereinfacht und du wirst dich langsam, aber sicher einem Zustand des Glücklichseins nähern.

Schritt #3: Änderung – Ersetze das Alte durch das Neue!

Mit dem dritten Schritt wagst du es, die Schallmauer der Gewohnheiten zu durchbrechen. Dabei setzt du nach dem Beziehungsaus nach außen deutliche Zeichen, damit dein positives Bestreben in erster Linie für dich, aber ebenso für andere, greifbar wird. Neue Gewohnheiten treten anstelle alter Gewohnheiten, wodurch du dir Wege und Perspektiven erschließt, die mit deinem Partner nicht denkbar oder abwegig waren. Du betrachtest, nachdem du deinen Selbstwert gestärkt hast, nicht mehr dich selbst entlang deiner Schwächen, sondern den Partner entlang seiner Schwächen. Es wird sich dir auf diesem Wege zeigen, dass du – aus neuen Blickwinkeln betrachtet – sogar Vorteile aus dem Beziehungsaus schöpfst. Um den Wandel einzuläuten und symbolisch zu untermauern, räumst du die lästigen Erinnerungen an deinen Partner aus dem Weg und richtest deine Wohnung neu ein. Zudem erhältst du exklusive Tipps, um Charisma – also eine positive und elektrisierende Ausstrahlung – zu entwickeln und auf Menschen zuzugehen, um neue Bekanntschaften zu schließen. Kurzum: Du wirst die beflügelnde Wirkung verspüren, die damit einhergeht, Altes durch Neues zu ersetzen!

Der Mensch hält an seinen Gewohnheiten fest – Du tust dies nicht …

Möglicherweise ist dir der folgende Spruch bekannt: „Der Mensch ist ein Gewohnheitstier." Er veranschaulicht, wie stark wir Menschen von etablierten Verhaltens- und Denkweisen getrieben werden. Wie ein Programm, welches für bestimmte Situationen fest definierte Schritte durchführt, handeln wir nach dem Muster, das wir gewohnt sind. Dies ist per se nichts Schlechtes, gibt es doch beispielsweise reichlich Gewohnheiten, die positive Effekte auf uns ausüben:

- Frühes Aufstehen
- Morgengymnastik
- Lesestunde am Abend

Wiederum gibt es schlechte Gewohnheiten, zu denen beispielsweise Naschereien beim Filmeschauen oder die Abende zuhause ohne Gesellschaft allein zu verbringen gehören. Und dann gibt es die Gewohnheiten, die man sich zusammen mit dem eigenen Partner aneignet. Letztere greifen wir auf, da sie den Verarbeitungsprozess der Trauer erschweren ...

Das Problem am Festhalten

Gewohnheiten zeichnen sich dadurch aus, dass man an Altem festhält. Neben Ritualen sind es auch materielle Dinge, die eine der Gewohnheit ähnliche Wirkung haben, denn: Ob in materieller oder anderer Form – wenn du die Erinnerungen an deinen Partner nicht beseitigst, dann wird die Trauer wegen der Trennung regelmäßig zurückkommen. Mit Erinnerungen an den Partner sind zum einen die bereits angesprochenen materiellen Dinge gemeint:

- Gemeinsame Fotos
- Kleidung des Partners
- Gegenstände des Partners

Sollte dein Partner ausziehen, dann hat er in den Folgetagen gefälligst seine Sachen mitzunehmen! Du musst verinnerlichen, dass du keinen Platz für Klamotten und Co. des Partners hast. Er hat es sich mit dir verspielt und nun räumst du auf. Dadurch tut sich im Kleiderschrank Platz für neue Blusen, Hemden, Kleider, Anzüge, Dessous, Hosen und so vieles mehr auf! Endlich hast du nicht mehr unter den Platzmängeln zu leiden, die es zuvor gab. Nun stürmst du mit deinem modisch einzigartigen Geschmack den Kleiderschrank!

Gleiches gilt neben der Kleidung für etwaige Gegenstände. Was bringt dir die Gitarre deines Partners oder was sollen die ganzen Brigitte-Zeitschriften auf dem Tisch? Gehst du denselben Beschäftigungen nicht nach, dann ist das Behalten solcher Sachen nutzlos. Du bist dran, deine eigene Ausstattung zu prägen. Diese Erkenntnis trifft nicht nur auf Materielles, sondern ebenso auf Immaterielles zu, wozu gemeinsame Rituale gehören. Überlege genau, ob die Rituale mit dem Partner in deinem Sinne waren. Hast du beispielsweise jeden Abend gemeinsam mit dem Partner Karten gespielt, obwohl du das nicht konntest, oder habt ihr gemeinsam Filme geguckt, obwohl du lieber liest, dann fange an, zu lesen! Du wirst merken, dass es dir wesentlich besser geht, wenn du eigene Rituale im Alltag etablierst, die von Kern auf deinen Interessen entsprechen.

All das vereinfacht dir die Verarbeitung der Trauer: Wenn keine Gegenstände und keine Aktivitäten vorhanden sind, die die Erinnerung an den ehemaligen Partner hervorrufen, dann wirst du seltener an diesen denken. Nun könntest du den Einwand äußern, ob dies denn nicht Verdrängung anstelle der Verarbeitung sei. Hierzu sei gesagt, dass du keineswegs verdrängst, da du dich insbesondere im Rahmen des ersten Schritts intensiv mit der Beziehung und dem Partner auseinandergesetzt hast und an deinen Defiziten arbeitest. Verarbeitung findet im Kopf statt und nicht durch die penetrant im eigenen Kleiderschrank auf einen wartende Kleidung des Ex-Partners. Also das muss nun wirklich nicht sein! Ergreife somit die richtigen Konsequenzen und gehe dabei keine Kompromisse ein. Sobald die Gegenstände des Partners weg sind, wird zugleich Platz für Neues frei. Auch durch die Abschaffung der Rituale, die du mit deinem Partner hattest und die dir nicht gefielen, gewinnst du Freiräume für neue Aktivitäten. Hier stellt sich die Frage: Wie nutzt du die entstandenen Freiräume?

Gibt es Gewohnheiten oder Dinge, die ich auch beibehalten kann?

Selbstverständlich musst du dich nicht von allem trennen! Nehmen wir an, dass du mit dem Partner eine gesunde Gewohnheit bzw. ein gesundes Ritual hattest, wie z. B. jeden

Abend gemeinsam Joggen zu gehen oder an beiden Wochenendtagen gemeinsam frisches Abendessen zuzubereiten. Dies abzuschaffen wäre sogar schade. Insbesondere den Sport haben wir als wichtiges Ablassventil und im Hinblick auf die Ausschüttung von Glückshormonen essenzielles Instrument kennengelernt. Also behalte diese Dinge bei!

Dennoch tut sich an dieser Stelle ein Problem auf, welches wir gemeinsam lösen müssen. Nämlich wirst du, wenn du allein kochst oder Joggen gehst, schmerzlich merken, dass eine entscheidende Komponente nicht vorhanden ist: Die Gesellschaft. Versuche, dies zu kompensieren, indem du andere Gesellschaft findest – ob aus deinem Bekanntenkreis oder Familienkreis. Wer weiß: Vielleicht hast du bereits den nächsten potenziellen Partner im Visier oder eine Person, die dir sehr gefällt und bei der ein näheres Kennenlernen vorteilhaft wäre? Lasse es dabei aber stets langsam angehen, denn ehe die vergangene Beziehung nicht komplett verarbeitet ist, machen neue Beziehungen keinen Sinn. Befindest du dich nun in neuer Gesellschaft, so koste gezielt die Spielräume aus, die du bei deinem Partner nicht hattest. Ein Beispiel:

- Du mochtest italienische Opernmusik beim Kochen und deine neue Gesellschaft tut dies – im Gegensatz zu deinem Ex-Partner – ebenso? Dann genieße die neue musikalische Erfahrung beim Kochen!
- Dein Lieblingsgemüse Aubergine und Zucchini waren beim ehemaligen Partner tabu, aber sind bei deiner besten Freundin umso mehr Objekt der Begierde? Nutze das für eine einzigartige geschmackliche Erfahrung aus!
- Ist es dir immer auf die Nerven gegangen, dass sich dein Partner über deine eigenartige Schneidetechnik ausgelassen hat? Finde eine Person, die genauso eigenartig schneidet, um sich über deinen „perfekten" Ex-Partner lustig zu machen!

Du merkst, worauf es hinausläuft: Fokussiere die Schwächen bzw. Defizite deines ehemaligen Partners, um zu entdecken, dass sich die gemeinsamen Rituale ohne ihn und stattdessen mit anderen Personen mehr genießen lassen. Dies mag auf den ersten Augenblick nicht unbedingt fair erscheinen, doch wieso solltest du dir von irgendwelchen Erinnerungen und Vorzügen deines Ex-Partners die Laune trüben lassen. Wie du im Kapitel 2 über Selbstwert gelernt hast, hat jede Person Stärken und Schwächen. Dies trifft ebenso auf deine Freunde zu; auch auf Arbeitskollegen, mit denen man sich mal treffen kann. Entdecke die Stärken und die Synergien bei dir und deiner neuen Gesellschaft. Dann wirst du merken, dass das Leben um diverse Eindrücke und Fähigkeiten bereichert wird.

Allerdings ist nicht nur die neue Gesellschaft eine Möglichkeit, um die vom und mit dem Partner durchgeführten Rituale und Gewohnheiten fortzusetzen. Ebenso erweist es sich als nützlich, wenn du an anderen Stellen Veränderungen vornimmst:

- Wechsele den Ort, an dem du zuvor immer mit dem Partner aktiv warst.
- Führe das Ritual zu einer anderen Tageszeit durch.
- Modifiziere das Ritual.

Auch hier soll ein Beispiel deine konkreten Handlungsperspektiven eröffnen. Gehen wir dabei davon aus, dass du früher mit deinem Partner immer zu derselben Bar gegangen bist. Begib dich nun auf Erkundungstour und kundschafte eine Reihe neuer Bars aus! Warst du in ein und demselben Park spazieren, dann nutze die Gelegenheit, den Park nun mit dem Fahrrad zu erkunden oder aber wechsele den Ort für die Spaziergänge. Wenn du mutig bist, dann spreche dabei neue Leute an. In jedem Fall wird dein Horizont erweitert und die Erinnerung an den Partner wiegt weniger – bis sie irgendwann zu einer verschwindend geringen Randnotiz wird.

Die Wohnung umgestalten – So oder so ein Muss!

Unabhängig davon, ob Erinnerungsstücke an deinen Partner in der Wohnung sind oder nicht: Sie muss umgestaltet werden. Dies hat zur Folge, dass auch deine eigenen Gegenstände anders angeordnet oder zum Teil entfernt werden. Eine Umgestaltung der Wohnung ist ein symbolischer Akt – und damit etwas von enormer Bedeutung und Relevanz für den Verarbeitungsprozess!

Wusstest du schon?

Spricht man von einer symbolischen Handlung, dann steht die entsprechende Handlung stellvertretend als Zeichen für etwas. Dabei handelt es sich im Grunde genommen stets um eine Art inneren Wandels. Da dieser nicht nach außen hin sichtbar ist, wird das Innere durch ein Symbol nach außen gekehrt.

Kaum etwas beschäftigt dich als symbolische Handlung derart stark wie die Umgestaltung deiner Wohnung: Es ist der Lebensmittelpunkt, in den du dich zurückziehst, in dem du arbeitest und in den du andere Personen einlädst. Zwar werden andere Personen durch dein Beziehungsende keine Tristesse in deiner Wohnung ausmachen können, du jedoch schon: Sofern sich dein materieller Lebensmittelpunkt nicht ändert, wird es auch der Geist schwer haben, mitzuziehen. Fange also an, die Wohnung auf den Kopf zu stellen – ob in kleinem oder großem Rahmen, bleibt ganz dir überlassen. Sorge aber dafür, dass sich ein deutlicher Wandel bemerkbar macht.

Tipp!

Im Film *Angel Eyes* (2001), mit James Caviezel und Jennifer Lopezin den Hauptrollen, wird die Geschichte eines Mannes erzählt, der nach dem Tod von Frau und Kind sein Haus verlässt und eine Wohnung bezieht. Er hat den Schicksalsschlag nicht verarbeitet, aber versucht im Rahmen seiner Möglichkeiten, einen Neuanfang zu wagen. Dabei richtet er seine Wohnung nur sparsam ein; fast schon enthaltsame Züge weist es auf. Als er eine neue Frau kennen und diese lieben lernt, richtet er die Wohnung im Eiltempo mit neuem Mobiliar ein. Die Wohnung wird zu einem Abbild seines inneren Wandels. Wirf gern einen Blick in den Film!

Niemand verlangt von dir umzuziehen. Aber die Wohnung umzugestalten ist das mindeste und lässt sich sowohl mit geringem als auch hohem Budget durchführen. Auch kannst du die Wohnung über mehrere Wochen schrittweise neu einrichten. Falls du die Person bist, die nach dem Beziehungsaus aus der gemeinsamen Wohnung ausziehen muss, bist du ohnehin im Vorteil. Dann beziehst du eine neue Wohnung und hast gestalterisch maximale Freiheiten. Stelle eines bei deinen Maßnahmen sicher: Lasse dir reichlich Zeit bei der Gestaltung der Wohnung. Niemals solltest du in Stress geraten oder die Maßnahmen nur mit halbem Herz durchführen. Denn eine symbolische Handlung soll das Innere nach außen kehren und dabei Mut machen. Sie mutet fast schon wie ein heiliger Akt an, der mit voller Liebe, Hingabe und einem klaren „Ja" zum Leben erfolgen sollte. Damit sich dieses „Ja" nach außen hin ausdrückt, erhältst du drei gestalterische Ratschläge.

Tipp #1: Positive und farbenfrohe Wohlfühloase schaffen

Zuallererst soll konstatiert werden, dass hier keine Wohnungsgestaltung hinterfragt wird. Zweifelsohne hat das Bürozimmer mit dem Chesterfield-Sofa in weinrot und den dunklen Rustikal-Möbeln mit Ornamenten allerlei Beachtung verdient. Aber wir müssen uns im Zuge der Umgestaltungsmaßnahmen hinterfragen, was einen positiven Ausdruck vermittelt. Dies ist bei einer dunklen Gestaltung des Raumes weniger der Fall.

Hinweis!

Sollte das dunkle Chesterfield-Sofa mit dunklen Möbeln das Büro deiner Träume widerspiegeln, bei dem dir dein Partner bisher immer im Weg stand, so fühle dich frei, diesen Traum zu realisieren. Dies wird aber eher die Ausnahme sein, weswegen wir in der Annahme einer bevorzugt hellen Gestaltung fortfahren. Darüber hinaus ist ohnehin anzuraten, nicht jedes Zimmer dunkel einzurichten, weswegen dir die folgenden Tipps für einzelne Zimmer, wie Schlaf- und Wohnzimmer, nützlich sein werden. Als einfach umsetzbarer Ansatz eignen sich die Regeln nach der Lehre des Feng-Shui, die da vorsehen:

1. Pflanzen: Positioniere mehrere Pflanzen, bevorzugt Bambus, Aralie und Aloe, an verschiedenen Stellen des Raumes in kleineren Gruppen.
2. Licht: Sorge dafür, dass die Vorhänge und Jalousien tagsüber geöffnet sind, damit das Licht die Wohnung möglichst frei durchdringen kann.
3. Warme Akzente: Gewährleiste, dass die Wohnung selbst in dunklen Jahreszeiten durch Kissen oder andere Ausstattung in roter oder orangener Farbe warm erscheint.

4. Ordnung: Wenn alles seinen definierten Platz hat und dorthin zurückgebracht wird, dann ist auch das menschliche Innenleben ausgeglichener.
5. Rosé: Farbtöne in Rosé an vereinzelten Stellen – zum Beispiel auf dem Bett als Decke und Kissen oder als Bilder an der Wand – bringen Jugendlichkeit und Liebe in die Räume.
6. Spiegel: Spiegel lassen Räume größer wirken und reflektieren zudem Licht, was für angenehme Farbspiele sorgt.

Alles in allem werden die Lehren des Feng-Shui mittlerweile in Europa nicht mehr belächelt, sondern sind zunehmend gefragt. Die Nachfrage nach speziellen Einrichtungsexperten und Kursen steigt, weil die Regeln des Feng-Shui letzten Endes lichtdurchflutete, abwechslungsreiche und farbenfrohe Wohnungen in einem harmonischen Ganzen entstehen lassen. Lasse dich von den sechs Tipps inspirieren oder übernimm diese haargenau – du bist nun am Zug!

Tipp #2: Die Bedeutung der kleinen Dinge beachten!

Erinnere dich zurück, ob du in deinem Leben bei einzelnen Einrichtungsgegenständen ein besonders gutes Gefühl verspürt hast. Unter Umständen fallen dir direkt die kleinen Dinge ein, die dich täglich erfreuen. Was gemeint ist? Kerzen, flauschige Decken, Poster von Rockmusikern, kleine Zimmerbrunnen, Engelsfiguren und ähnliche kleine Dinge. Hier gehen die Geschmäcker weit auseinander, sodass – deswegen das Beispiel mit den Postern – sogar äußerst erstaunliche Dinge am Ende auf der Liste stehen. Was auch immer es ist: Integriere diese Sachen! Kerzen funktionieren fast immer. Nicht ohne Grund ist die angezündete Kerze in nahezu jedem Restaurant und sogar in Bars gang und gäbe. Selbst wenn die „harten Kerle“ es sich nicht eingestehen wollen: Die Kerze bringt Licht und Wärme, ist seit jeher ein Symbol für Behaglichkeit und Komfort. Schaffe dir deine Wohlfühloase ...

Tipp #3: Einrichtungsanreize für kleine Budgets

Sofern du über ein großes Budget für deine Wohnungsumgestaltung verfügst oder die Maßnahmen über einen längeren Zeitraum aufteilst und deswegen bereit bist, höhere Mengen an Geld zu investieren, erübrigen sich besondere Tipps. Denn du hast Zugriff auf eine Vielfalt an Waren sowie Angeboten, die dir das Erreichen deiner positiven Traumwohnung ermöglichen. Nun definiert jeder Mensch die Begriffe „großes" und „kleines" Budget sowie „viel" und „wenig" Geld anders. Hier wird darauf eingegangen, wie du zu absoluten Tiefstpreisen an eine ansprechende Ausstattung gelangst. Wichtig ist bei der Umgestaltung letztlich nicht, dass du viel Geld hast, sondern dass du einfalls**reich** bist!

Überwürfe als unterschätzte Macht

Ist es zu teuer, ein Sofa neu zu beziehen oder zu kaufen, oder ist dir der Aufwand für eine solche Maßnahme zu groß, so findest du in einem Überzug eine hervorragende Möglichkeit. Gleiches gilt übrigens für das eigene Schlafzimmer. Hier lässt sich die schnöde gewordene Bettdecke dekorativ in Szene setzen, indem eine weitere Decke in einer anderen, herausstechenden Farbe einen komplett neuen Akzent setzt. Quintessenz: Neu beziehen lassen oder kaufen? Nicht zwingend notwendig, da als günstige Lösungen Überzüge die Farbe, den Charakter und sogar die Form von Couches, Sesseln, Sofas, Betten und vielem weiteren verändern können.

Umstellung für eine neue Einstellung

Möchtest du Disharmonie in Harmonie verwandeln? Dafür müssen nicht zwingend neue Artikel her. Guck dir den Geheimtrick von IKEA ab: Der Milliardenkonzern verzückt jedes Mal aufs Neue die Besucher mit seinen Musterzimmern und den prächtigen Musterküchen. Der Geheimtrick liegt darin verborgen, dass einzelne Deko-Elemente in Gruppen aufgestellt werden. Dies bedeutet für dich: Wenn du von einer neuen Einstellung durch die Umgestaltung deiner Wohnung profitieren möchtest, reicht es aus, die bestehenden Deko-Artikel umzustellen. Als besonders harmonisch erwiesen sich Dreier-Gruppierungen. Hier bestehen mehrere Variationsmöglichkeiten:

- Anordnung nach Größe: auf- und absteigend
- Anordnung in Dreieck und in Reihe
- Asymmetrische Anordnungen

Aussortieren für Übersicht und Freiraum

Fühlst du dich zusätzlich zum Kummer durch die Trennung in der Wohnung eingeengt, so akkumulieren sich die negativen Effekte. Dem wirkst du entgegen, indem du in der Wohnung Platz schaffst. Sortiere zunächst die Gegenstände des Ex-Partners aus und daraufhin deine eigenen, die entbehrlich sind und Freiräumen in der Wohnung im Weg stehen. Ein guter Anfang ist es, wenn die Wände befreit werden. Steht rundherum an den Wänden immer ein Regal oder ein Möbelstück, dann wirkt die Wohnung zugestellt. Es kommt einer Person dann häufig so vor, als sei sie umringt; umringt von den eigenen Zweifeln und Sorgen? Mach Platz! Ebenso auf den Regalen und auf den kleinen Schränken, Tischen und weiteren Einrichtungsgegenständen: Setze vorab einen begrenzten Bereich fest, der für Dekorationsgegenstände auf jedem Möbelstück gelten soll.

Hinweis!

Hast du bemerkt, dass du bei dieser Strategie nicht nur günstig wegkommst, sondern sogar Profit machen kannst, wenn du die Gegenstände verkaufst? Besitzt du viele Gegenstände, dann ist neben einem Verkauf auf Online-Plattformen die Fahrt zum Flohmarkt eine gute Idee. Wieso der Flohmarkt? Du lernst Leute kennen und bist aktiv!

Fazit: Wohnung mit einfachen Regeln und Mechanismen umgestalten

Eine Umgestaltung der eigenen Wohnung erfordert keine großen Investitionen und keine Maßnahmen, die allein nicht zu bewältigen wären. Diverse Einrichtungsseiten im Internet sowie Accounts auf Facebook und Instagram liefern kreative Anreize und animieren als Inspiration zur Umgestaltung der neuen Wohnung. Wie auch immer du es in die Tat umsetzt – nach Feng-Shui-Lehre, mit viel oder wenig Geld, durch neue Möbel oder die Umstellung der bestehenden: Mach es mit Geduld und richtig! Denn eine Wohnungsumgestaltung ist keine Arbeit, sondern ein symbolischer Akt, der deinen neuen Lebensabschnitt ohne Partner und dessen Begrenzungen widerspiegelt.

Auf Menschen zugehen will gelernt sein

Ein Vorschlag der in diesem Kapitel geschilderten Änderungen vom Alten ins Neue besteht darin, die bisherigen Gewohnheiten mit anderen Personen als deinem Partner zu praktizieren. Neben den bereits bekannten Menschen können dies auch neue Menschen sein, die du zufällig oder gezielt kennenlernst. Bereits das Ansprechen vertrauter Menschen kann eine Herausforderung sein, denn nicht immer sind Familien eng beisammen. Vereinzelt ist es so, dass vorige Freunde sich von dir im Verlauf deiner Liebesbeziehung distanziert haben, weil du weniger Zeit für sie entbehrt hast. Somit ist neben dem Kennenlernen neuer Menschen das Zugehen auf bereits bekannte eventuell ebenfalls eine zentrale Herausforderung. Die Grundregeln, wie du auf Menschen richtig zugehst, sind stets dieselben; ob du diese nun länger kennst oder gerade erst deren Bekanntschaft zu machen gedenkst. Dementsprechend sind die folgenden Tipps universell anwendbar. Da es allerdings einfacher ist, auf Menschen zuzugehen, die man bereits kennt, ist empfohlen, dass du mit den folgenden Tipps zunächst das Zugehen auf Bekannte übst und erst dann langsam auf neue Menschen umschwenkst.

Tipp #1: Klar und deutlich sprechen – über den Weg zum Charisma

Hast du bereits einmal den Begriff *Charisma* gehört? Es handelt sich dabei um Ausstrahlung, jedoch stets in positivem Sinne. Menschen, die Charisma haben, wird nachgesagt, über eine Ausstrahlung zu verfügen, die auf andere elektrisierend und mitreißend wirkt. Diese Ausstrahlung kann man haben, ohne viel zu reden. Es geht vielmehr darum, **wie** du die Dinge machst und dich im Allgemeinen präsentierst.

Unsicherheit lassen sich Menschen deutlich anmerken, da sie häufig unüberlegt agieren und dementsprechend fehlerhafte oder ungeschickte Aussagen die Folge sind. Darüber hinaus ist die Stimme brüchig oder es kommt gar zum Stottern, was bekanntlich ein Paradebeispielfür Nervosität ist.

Was hilft dagegen und hinterlässt einen selbstbewussten, vielleicht sogar charismatischen Eindruck?

Gewöhne dir an, klar und deutlich zu sprechen! Dies gelingt dir nicht dadurch, dass du dich immer wieder aufs Neue in Bedrängnis begibst und ins Stottern gerätst. Wärme dich daher zuhause vor dem eigenen Spiegel zunächst auf, indem du langsam und klar sprichst. Sofern du dich bereits präzise auf den Ernstfall vorbereiten möchtest, ist es nützlich, vor dem Spiegel verschiedene Szenarien durchzugehen, in denen du Menschen ansprichst. Denke dir jeden Abend ein Szenario aus und übe es ein. Mit steigendem Repertoire nimmt die Wahrscheinlichkeit zu, in der Realität aus dem Effeff die richtigen Antworten oder sogar – notwendig bei unhöflichen Menschen – Konter parat zu haben. Übe täglich um die 15 Minuten klar und deutlich in den Spiegel zu sprechen. Mehr muss es nicht sein, um bereits marginale Effekte zu erzielen, die das große Ganze jedoch klar zu deinen Gunsten prägen.

Mit der Zeit gehst du vom Spiegel auf reale Kontakte über. Beginne am besten bei Familie und Freunden, diese werden den Wandel positiv bemerken. Im Verlaufe der Zeit wird es dir gelingen, in der Öffentlichkeit zunehmend aus dir herauszugehen.

Tipp!

Wenn du eine Person sehen möchtest, die nur dank ihrer Stimme charismatisch ist, dann sei dir die Darstellung Ryan Goslings im Film *Drive* (2011) nahegelegt. Der Schauspieler spielt einen in der Kommunikation ruhigen Menschen. Er lässt sich vor jeder Aussage einen Moment Zeit, setzt ein fast schon schelmisches Grinsen auf oder lächelt zumindest dezent und antwortet dann ganz ruhig und knapp.

Reichlich Tipps und nun die Frage, wo du anfangen sollst. Aus diesem Grund die Eckpfeiler als konkrete Anleitung der Reihe nach geschildert:

- Übe vor dem Spiegel jeden Tag 15 Minuten klar und deutlich zu sprechen. Sei dabei aber nicht aggressiv, stattdessen deutlich vernehmbar und selbstbewusst.
- Gehe gern verschiedene Texte und Szenarien der Interaktion mit Mitmenschen durch, während du vor dem Spiegel übst.
- Fange nach den ersten Fortschritten an, bereits in Familien-, Freundes- und Bekanntenkreisen dein neues Selbstbewusstsein nach außen zu kehren, indem du dich klar artikulierst.
- Sollte dies den Vorstellungen angemessen funktionieren, traue dir auch zu, auf neue Menschen zuzugehen.

Doch mit der Sprache allein ist das Projekt „Entschlossen auf Menschen zugehen“ bei weitem noch nicht vollendet ...

Tipp #2: In die Augen schauen – mit offenem Visier Vertrauen und Aufmerksamkeit gewinnen

Dem Gesprächspartner in die Augen zu schauen, drückt vielerlei aus. Zuallererst ist die Glaubwürdigkeit zu nennen: Seit jeher macht es misstrauisch, wenn Menschen dem Blick des anderen ausweichen. Bereits Kinder weichen den Blicken anderer aus, wenn sie sich für etwas schämen oder etwas verbergen. Als Erwachsener hat man an seiner Skrupellosigkeit unter Umständen so weit gefeilt, dass man selbst bei den schlimmsten Vergehen in die Augen schauen kann. Doch davon soll hier nicht die Rede sein ...

Neben der Glaubwürdigkeit und dem daraus resultierenden Vertrauen verschafft ein Blick in die Augen Aufmerksamkeit. Schaust du einer anderen Person nicht in die Augen, dann ist dies ein Freifahrtschein für diese, ihrerseits nicht mit dem Blick auf dich einzugehen. So gehen die meisten Gespräche in die Brüche.

Nicht zuletzt bleibe beachtet, dass ein Blick an andere Stellen des Gegenübers gar als eine Beleidigung aufgefasst werden könnte. Man mag es sich gar nicht ausmalen, was passieren könnte, wenn der Blick des Mannes über eine lange Zeit konstant auf der Oberweite der Frau verweilen und der Blick der Frau unter den Gürtel des Mannes gerichtet würde. Von einem Abgang unter wüsten Beschimpfungen bis zu einer klaren und vernichtenden Ansage sind hier die peinlichsten Szenarien möglich.

Kurz und knapp: Schaue in die Augen der Gesprächspartner. Übe hierfür genauso wie für das klare Sprechen im vorigen Tipp. Am besten kombinierst du die Phasen der Sprechübungen mit dem Blick in die Augen, um beide Fliegen mit einer Klappe zu schlagen. Die Dinge gehen Hand in Hand und lassen sich umso besser verinnerlichen.

Tipp #3: Körperhaltung beachten – wie du schreitest und wie du stehst, definiert, wie du durchs Leben gehst

Führe zu Beginn dieses Abschnitts zwei Übungen durch. Die erste gestaltet sich wie folgt:

1. Setze dich auf einen Stuhl.
2. Lasse zunächst Arme und Beine hängen und nimm eine Haltung ein, bei der du nicht gerade bist. Der

ganze Körper hängt durch.

3. Dein Blick wandert gen Boden.
4. Nun stehe aus dieser Haltung auf und gehe einige Schritte. Behalte beim Gehen eine ähnliche Haltung bei.

So gehen Personen, die keine Aura haben und unsicher sind. Es ist übertrieben, aber du wirst kaum glauben, dass bereits kleine negative Tendenzen in der Körperhaltung von selbstbewussten Menschen erkannt werden. Dementsprechend spielt es im Grunde genommen keine Rolle, ob du extrem hängend und mit dem Blick gen Boden oder nur minimal in dieser Haltung durch die Gegend läufst. Es gilt, absolutes Selbstbewusstsein und Optimismus zu signalisieren!

Hierfür mache bitte die folgende Übung:

1. Setze dich aufrecht auf einen Stuhl: Rücken gerade, Beine an den Knien rechtwinklig, Hände entspannt auf den Oberschenkeln abgelegt und den Blick geradeaus gerichtet.
2. Nun stehe aus dieser Position auf und begib dich im Stehen in eine ebenso aufrechte Haltung.
3. Gehe in dieser Haltung locker durch die Gegend; locker, da du nicht stocksteif gerade sein, sondern mit entspannten Gliedern umhergehen sollst. Bedeutet: Der Rücken muss gerade und der Blick geradeaus gerichtet sein.
4. Nicke gern einige Male hin und her oder winke hier und da. Dadurch erhältst du ein Gefühl dafür, wie positiv sich diese Körperhaltung anfühlt.

Auch hier gilt: Mache dies zu deiner täglichen Übung und taste dich schrittweise an die Umsetzung in der Öffentlichkeit heran, wie es schon in den beiden vorigen Tipps musterhaft mit Beispielen erläutert wurde. Koppele gern die Übungen, indem du am Anfang mehrere Schritte aufrecht auf den Spiegel zugehst und lächelst. Dann praktiziere mit Stimme und

Blick in die Augen diese selbstbewusste und positive Herangehensweise – proaktiv und optimistisch!

Fazit: Du gewöhnst dir durch regelmäßige Übung das richtige Zugehen auf Menschen an

Am Ende ist es nicht nur Übungssache, richtig auf Menschen zuzugehen, da sich in der Realität unerwartete Dynamiken und Wendungen entwickeln. Doch die Übungen geben viel her, weil sie dir ein Fundament verleihen, auf dem du zuversichtlich und selbstbewusst auf Menschen zugehst. Dies wird nach dem Beziehungsaus helfen, neue Bekanntschaften zu schließen und den Grundstein für ein zum Positiven verändertes Leben zu legen.

Gedankenreise-Technik: Nützliche Übung für jederzeit

Als letztes kleines Tool für deinen Weg, um aktiv zu werden und Altes durch Neues zu ersetzen, gibt es die Gedankenreise-Technik. Diese ist direkt aus dem Werk *Und plötzlich wieder Single* (Kästele, 2011: S. 131 f) übernommen. Hier geht es um eine Abfolge an Gedankengängen, die fest strukturiert und dir dabei eine Stütze ist, in jeder spontan belastenden Situation eine Lösung zu finden. Die Gedankenreise-Technik sieht die folgenden Schritte vor:

- Ich bin traurig (beliebig ersetzbar durch andere Emotionen), weil ...
- Ich verstehe ihn/sie nicht, weil ...
- Ich bin wütend auf ihn/sie, weil ...
- Ich fühle mich immer noch von ihm/ihr abhängig/angezogen, weil ...
- Wenn ich loslassen könnte, dann ...
- Wenn ich losgelassen hätte, dann ...
- Was mir jetzt schaden würde, ist ...
- Was ich jetzt für mich tun kann, ist ...

Am Ende der Reise in den Gedanken steht idealerweise eine Lösung, die ein für einen selbst positives Denken und Handeln zur Verfügung stellt. Durch das gleichzeitige Durchspielen verschiedener Szenarien merkst du zudem, was dir nicht guttut und steigerst die Wahrscheinlichkeit, im Laufe der Zeit keine Entscheidungen zu treffen, die du früher oder später bereuen würdest.

Du kannst die Übung hinsichtlich einzelner Emotionen oder Adjektive reduzieren, aber die Abfolge an Schritten sollte stets beibehalten werden, um die gewünschte Wirkung zu erzielen und belastenden Momenten adäquat zu trotzen. Beantworte jeden der Sätze ausführlich und ehrlich. So wirst du deine Gedanken produktiv ausrichten.

Zusammenfassung: Du setzt durch neue Umgebung und neues Verhalten deutliche Statements!

Eine neue Umgebung sowie neue Verhaltensweisen gehen nicht spurlos an Menschen vorbei. Deinen engen Bekannten, Freunden und der Familie wird es auffallen, wenn du plötzlich Änderungen in deinem Leben vornimmst. Je überzeugter und umfangreicher du die Anreize dieses Kapitels realisierst, umso mehr wirst du profitieren. Krempele deine Wohnung und die bisherigen Gewohnheiten um. Schaffe dabei Einflüsse des Ex-Partners fort und sei animiert dazu, neue Wege zu gehen. Übe, auf Menschen mit positiver Ausstrahlung zuzugehen. Auch wenn du meinst, darin Talent zu haben, was durchaus sein kann, so wird sich dennoch in dem Abschnitt mit den Tipps zum Zugehen auf Menschen der ein oder andere Aspekt gefunden haben, der dir noch nicht bekannt war. Nutze die neuen Erkenntnisse. Sei gierig darauf, andere zu beeindrukken und dich selbst ebenso. Denn wer nach Kontakten und einer positiven Ausstrahlung giert, wird im zwischenmenschlichen Umgang mit einer Finesse ohnegleichen überzeugen. Tatsächlich ist davon auszugehen, dass dir nahe stehende Personen zunächst nichts sagen. Sie werden sich wahrscheinlich aufgrund der Überraschung über deinen Wandel bedeckt halten. Doch an dem leichteren Kontakte knüpfen mit neuen Bekanntschaften wirst du schnell feststellen, dass die Maßnahmen wirken. Schritt für Schritt wird das neu gewonnene Charisma dir den Weg weisen zu dem neuen Lebensabschnitt, der mit der Trennung beginnt und für den du dankbar sein darfst!

Schritt #4: Verwöhnung – Verdiene dir die Wellness deines Lebens!

Das vorliegende Kapitel fällt kurz aus. Denn eines sei gesagt: Sich selbst zu verwöhnen, erfordert keine große Kunst! Umso höher fällt dafür der Nutzen aus, wenn du dich aus dem Stress heraus in Komfortzonen begibst, in denen du zum einen deinen Geist, zum anderen auch deinen Körper verwöhnst. Denn Körper und Geist beeinflussen sich gegenseitig und wirken sich auf das komplette Wohlbefinden aus. Es ist nun an der Zeit, dass du dir die Wellness und Verwöhnung sicherst, die du dir verdienst, aber von deinem Partner zu selten bekommen hast.

Die vielen Deutungsweisen der Verwöhnung

Im Endeffekt sind es Dinge, die auch dem Körper guttun. Jedoch existieren Maßnahmen, die verstärkt der Lockerung des Geistes dienen und solche, die eher Wellness für den Körper sind. Dass sämtliche Maßnahmen jedoch Auswirkung auf den Körper UND den Geist haben, ist unbestreitbar. Nehmen wir als Beispiel die folgende Situation: Du entscheidest dich, einen Tag zuhause zu verbringen und möchtest dabei die Seele verwöhnen. Hierzu ziehst du einen Jogginganzug an, was im Alltag nicht infrage käme. Aber was soll's? Niemand sieht es und du hast es satt, in den beengenden Jeans rumzulaufen. Zweifelsohne ist der Kleidungswechsel eine äußere Maßnahme. Aber wirklich als Wellness für den Körper lässt es sich nicht bezeichnen. Wellness für den Körper muss deutlich intensiver sein, wie z. B. Massagen, Saunagänge oder eine Pediküre. Hier ist also die Linie zu ziehen:

Kleine äußere Maßnahmen dienen der Verwöhnung der Seele, da sie über einen längeren Zeitraum konstant einen Wohlfühleffekt bringen. Dieser geht mit einem längeren positiven Befinden einher. Umfangreichere Maßnahmen, die direkt der

Verwöhnung des Körpers dienen sollen, definieren die Wellness für den Körper.

Welchen Mehrwert bringt Wellness bzw. Verwöhnung?

Abgesehen davon, dass Wellness und Verwöhnung einfach „guttun", haben sie einen übergeordneten Nutzen. Dieser besteht darin, dass du dir selbst Folgendes eingestehst:

- Ich führe ein zielgerichtetes Leben und habe es verdient, mich zu belohnen!
- Ich habe einen Wert, was ich mir durch die Verwöhnung von Körper und Geist zeige!
- Ich lebe nicht, um zu arbeiten, sondern arbeite, um zu leben!

Ein von Stress geprägter Alltag ist heutzutage gang und gäbe. Die wenigen Personen, die ausnahmsweise die Kunst des Entspannens gelernt haben, langweilen sich hin und wieder, weil sie sämtliche Ideen ausgereizt haben, um sich zu verwöhnen. Deswegen ist es wichtig, sich eine Art von Wellness zu erschließen, die auch nach längerer Zeit interessant und einzigartig bleibt. Für dich ergibt sich daraus Ausgeglichenheit und jedes Mal aufs Neue Vorfreude auf die Verwöhnungskur. Im Leben geht es nicht darum, zu sparen und zu warten, bis sich etwas Großes ergibt. Es steht im Fokus, aktiv zu werden und zu investieren: In sich und die persönliche Zufriedenheit. Diese Investition wirkt psychischen Erkrankungen wie Depressionen und Burnouts entgegen und hält bei Laune. Ein solcher Mehrwert lässt sich durch nichts aufwiegen!

Wo finde ich den Anfang?

Tatsächlich existiert eine Reihe an Möglichkeiten für Wellness. Bei finanziell gut betuchten Menschen kann es gar zu einer Kreuzfahrt oder einem Wochenende im sonnigen Ausland führen. Doch da dies Ausnahmeerscheinungen sind und auch finanziell gut betuchte Personen sich diesen Spaß nicht rund um die Uhr erlauben werden, findest du in den folgenden Abschnitten mehrere Ratschläge, die sich im Großteil der Fälle von jeder Person in die Tat umsetzen lassen. Sie erfordern keine Anstrengungen in der Organisation und bringen dich teilweise mit Menschen zusammen. Wenn du den Anfang machen möchtest, aber nicht weißt, wie und wo, dann sei dir empfohlen, zunächst mit der Verwöhnung für die Seele zu beginnen. Denn die hier geschilderten Tipps sind mit minimalem oder sogar ohne Budget machbar. Zudem bist du hier für dich allein und es gibt keine Hemmschwelle. Fange am besten heute oder – falls es zu spät oder der Tag anderweitig verplant ist – direkt morgen mit den ersten Übungen an. Auf den nächsten Tag aufschieben bringt nichts, da dadurch die Konsequenz und Motivation zur Umsetzung verloren gehen. Oscar Wilde, englischer Schriftsteller, hat einst sehr radikal formuliert, was Vorsätze – also auch Aufschieben – bedeuten und dass sie im Grunde genommen keinerlei Wert haben. Man kann darüber streiten, aber als gedanklichen Anreiz erhältst du das Zitat an die Hand, da es dir auch bei den anderen Erkenntnissen dieses Buches eine Stütze für mehr Durchhaltevermögen und Konsequenz sein kann:

„Vorsätze haben keinerlei Nutzen. Sie wecken dann und wann ein behagliches Gefühl in uns, was besonders auf schwache Menschen einen starken Reiz ausübt. Doch das ist alles, was es zu deren Gunsten zu sagen gibt. Sie sind wie Schecks, die man auf eine Bank ausstellt, bei der man kein Konto hat."

Lass uns also nicht aufschieben, sondern direkt beginnen!

Wellness für die Seele: Den Geist lockern

In diesem Abschnitt widmen wir uns der Verwöhnung der Seele und setzen uns damit auseinander, wie du dich entspannst und deinem Innenleben Gutes tust. Denn so viel sei an dieser Stelle gesagt: Das Innere bewirkt, wie du dich im Außen machst. Unausgeglichenheit, Stress und andere negative Denkweisen sowie Emotionen führen dazu, dass du deine

Vorhaben nicht adäquat in die Tat umsetzt. Was verschafft der Seele denn Entspannung?

Tipp #1: Ziehe bequeme Kleidung an

Bequeme Kleidung ist eine äußere Maßnahme, die jedoch das Wohlbefinden deines Körpers und noch viel stärker deiner Seele definiert. Nehmen wir als Beispiel den Kragen eines billigen Hemdes, welcher dir den Nacken im wahrsten Sinne des Wortes wund scheuert. Oder eine Hose, deren Innennähte an den Innenschenkeln kratzen. Wahrlich nicht angenehm ... Nun kommt bei diesen Dingen aber weniger der Körper zu Schaden als vielmehr der Geist, der sich permanent mit dem unangenehmen Gefühl befassen muss, welches die Kleidung verursacht. Suche dir deswegen einen Tag, an dem du maximal bequeme Kleidung trägst. Sei es am Sonntag zuhause den ganzen Tag über der Jogginganzug oder der Kleiderschrank, den du um ein paar teure Kleidungsstücke bereicherst. Eine solche Investition lohnt sich, da du mit der Kleidung im Alltag unterwegs bist und so bei der Arbeit und weiteren Aktivitäten einfach keinen Faktor hast, der dich ablenkt und dir allmählich den letzten Nerv raubt.

Wenn du noch weiter gehen möchtest, dann ziehst du dir nicht nur bequeme Kleidung an, sondern verbringst den ganzen Tag bequem daheim, in dem Lieblingssofa beim Lesen oder Telefonieren und Chatten mit Freunden. Arbeitest du von zuhause aus, so hast du es umso leichter, jederzeit in bequemen Sachen gekleidet zu sein. Es ist dem Körper kein großes Zutun, welches du hier unternimmst, aber deine Seele wird es dir danken.

Tipp #2: Sich Zeit nehmen, nachzudenken

Indem du dir Zeit nimmst nachzudenken, gelingt dir das Kunststück, deinem Unterbewusstsein die größten Geheimnisse zu entlocken. Sich einfach mal zurückzulehnen und das Leben sowie die Taten zu reflektieren, ist wahres Gold wert, aber nur wenige Menschen nehmen sich in der heutigen hektischen Welt die Zeit dafür. Das Unterbewusstsein ist eine in uns verborgene Komponente, die unser Handeln maßgeblich beeinflusst. Psychologen sprechen vom Unterbewusstsein als der Komponente, in der all unsere Erfahrungen, Werte, Wünsche und Vorstellungen sowie alles, was unser Ich definiert, verborgen sind. Hier sind positive wie negative Glaubenssätze verborgen ebenso wie Ängste und Sorgen. Jedoch ist das Unterbewusstsein nicht so zugänglich wie das übergeordnete Bewusstsein. Dieses nämlich ist damit beschäftigt, sich mit der aktuellen Situation auseinanderzusetzen. Es schnappt Reize, Fragen, Interaktionen und vieles mehr auf, die gerade um einen Menschen herum passieren. Der Mensch handelt in der Regel nach den Maßstäben des Bewusstseins, was jedoch die Gefahr birgt, entgegen den eigenen wahren Wünschen zu handeln.

Ein Beispiel demonstriert dies: Du hast in Wirklichkeit den Wunsch, dich beruflich selbst zu verwirklichen, indem du dein Hobby Musik zum Beruf machst. Dein Partner pocht allerdings darauf, dass du einen sicheren beruflichen Weg einschlägst und übt massiven Einfluss auf dich aus, indem er auf dich einredet, dir Belege liefert und vieles mehr unternimmt, um zu veranschaulichen, dass aus dem Musikertraum nichts werden kann und du Gefahr läufst, dir deine Zukunft zu verbauen. Du nimmst die Worte deines Partners ernst und lässt dich überzeugen. Du unterdrückst deinen Traum und redest dir ein, alles richtig zu machen. Denn die Argumente sprechen für den sicheren Weg.

Aber werden wir Menschen glücklich, nur weil wir Argumenten folgen? Es ist ein gesunder Mix erforderlich. Nun, da dein Partner weg ist, hast du den Freiraum, dich jeden Abend hinzusetzen und über dich und deine Träume nachzudenken. Stelle dir vor, wo du sein wirst, wenn du den bisherigen Weg 20 weitere Jahre fortsetzt. Wirst du glücklich sein, dass du deinen Traum aufgegeben hast? Wird dein Beruf dir Erfüllung und Selbstverwirklichung schenken? Es gibt meistens eine Möglichkeit, den sicheren Weg mit dem Traum zu paaren. Beispielsweise kannst du nebenberuflich daran arbeiten, dein Hobby zum Beruf zu machen. Darüber hinaus besteht die Chance – insbesondere im jungen Alter, wenn man finanziell die Unterstützung anderer Personen hat – ein paar Jahre des Lebens der Verwirklichung des Traumes zu widmen. Für die sicheren Wege Ausbildung oder Studium wird auch später noch genug Zeit sein.

Dies ist eines von vielen Beispielen, wie du die Zeit zum Nachdenken nutzt. Fange an, über die Situationen und Entscheidungen nachzudenken, bei denen du dich von deinem Partner eingeengt gefühlt hast: Sind die Dinge wirklich in deinem Sinne verlaufen? Oder entdeckst du Freiräume, um jetzt ohne den negativen Einfluss des Partners deine Träume und Wünsche zu realisieren? Denn selbst der beste Partner übt ungewollt negative Einflüsse aus. Du hast dich dem nun entzogen.

Auch entdeckst du durch regelmäßiges Nachdenken – man spricht in diesem Kontext vom *Inneren Dialog* – weitere Missstände in deinem Leben und erschließt dir Räume, diese zu optimieren. Denke über folgende Dinge nach:

- Freundeskreis und Familie: Bin ich zufrieden damit, wie wir die Zeit verbringen? Sind wir überhaupt ausreichend zusammen oder wären häufigere Treffen angebracht?
- Beruf/Ausbildung/Studium: Schöpfe ich mein Potenzial aus oder kann ich mich weiterbilden? Ist es überhaupt die richtige Richtung, in die ich gehe?
- Freizeit: Habe ich ausreichend Freizeit, um meinen Hobbys nachzugehen? Erfüllen mich meine Hobbys nach wie vor mit Freude oder ist noch Luft nach oben?
- Reisen: Breche ich aus den gewohnten Strukturen und der gewohnten Umgebung ausreichend häufig aus, um neue Eindrücke zu sammeln?

Dies sind einige Anreize. Je länger du nachdenken und je konsequenter du dir jeden Abend Zeit für den Inneren Dialog nehmen wirst, umso wirkungsvoller wirst du dein Leben optimieren. Dies ist Balsam für die Seele: Verbesserungspotenzial zu erschließen und Verbesserungen geduldig in die Tat umzusetzen.

Tipp #3: Meditieren, um einfach nur im Moment zu sein

Meditation ist alles andere als eine Methode mit sieben Siegeln aus dem asiatischen Raum. Es ist eine simple Anleitung, wie du mit regelmäßiger Übung die Kunst des Abschaltens lernst. Was glaubst du, wann wir Menschen heute überhaupt abschalten und alles um uns herum einfach mal sein lassen?

Selten. Beim Essen liegt das Smartphone üblicherweise griffbereit. Selbst, wenn sich dem Menschen im Urlaub ein Naturschauspiel bietet, muss es fotografisch festgehalten werden. Einfach innezuhalten und mit den Augen sowie dem Verstand wahrzunehmen, ist anscheinend außer Mode. Die Meditation sorgt dafür, dass sich ein Umdenken etabliert. Yoga geht in dieselbe Richtung, weist allerdings ein höheres Aktivitätslevel auf und verlangt dir einiges an Biegsamkeit und Anstrengung ab. Bei der Meditation nimmst du lediglich eine bequeme Haltung ein, atmest ein und aus und konzentrierst dich auf die Atmung. Dabei blendest du alle Geräusche und Einflüsse aus der Umgebung aus. Je häufiger du übst, umso mehr werden sich deine Fähigkeiten in der Meditation steigern. Nutze im Optimalfall jeden Tag ein Zeitfenster von 15 Minuten, um in den ersten Wochen auf Tuchfühlung mit der Methode zu kommen.

Wellness in ihrer ursprünglichen Bedeutung: Den Körper entspannen lassen

Nach der Verwöhnung des Geistes widmen wir uns der Verwöhnung des Körpers. An dieser Stelle kommt die Wellness im herkömmlichen Sinne ins Spiel. Zahlreiche Angebote im Internet oder in Einrichtungen für Wellness lassen schnell die große Motivation aufkommen, sich einzutragen. Aber es passiert nicht. Wieso? Genau: Weil man es aufschiebt oder an der falschen Stelle spart. Es sei nochmals formuliert, dass die Investitionen in sich selbst und das eigene Wohlbefinden am wichtigsten sind. Wenn dich die Wirkung einer Massage zum ersten Mal in deinem Leben wochenlang beflügelt hat, dann wirst du von diesem Moment an regelmäßig Wellness zum Bestandteil deiner Lebensphilosophie machen. Selbst wenn es keine wochenlange, aber zumindest eine über einige Tage andauernde Wirkung ist, wird es dennoch seinen Sinn erfüllt haben. Du machst dir selbst deutlich, wofür du arbeitest und lebst, oder anders gesagt: Du führst dir deinen Wert vor Augen, indem du dich belohnst. Du brauchst keinen Partner, der dich verwöhnt. Es sind reichlich Optionen hierzu vorhanden:

- Massage
- Schwimmbad
- Sauna
- Aromatherapie
- Akupunktur
- Maniküre/Pediküre
- Duftbäder

Lasse dir Zeit und baue die Dinge so in deinem Alltag ein, dass du nicht zwischen zwei Wellness-Terminen hin und her hetzen musst. Denn es ist mit der Wellness, wie mit allem anderen im Leben:

„Gut Ding will Weile haben."

Zusammenfassung: Geist und Körper professionell verwöhnen!

Einfache Methoden sorgen dafür, dass dein Geist abschaltet und du in einen Zustand der Ausgeglichenheit gelangst. Denn Stress und Kummer weichen. An deren Stelle rückt dafür die Lebenslust. Nichtsdestotrotz ist neben der seelischen Verwöhnung für ein optimales Zusammenspiel des gesamten Ichs auch die körperliche zu integrieren. Hier profitierst du von einer Menge professioneller Angebote für Massagen, Aromatherapien und weitere Verwöhnungskuren. Du bist nun am Zug. Tue, was dir beliebt, aber schiebe bloß nichts auf!

Schritt #5: Ziele – Die eigenen Bedürfnisse erkennen!

Erfolg zieht nicht spurlos an dir vorbei, sondern treibt dich in neue Höhen. Er verschafft dir Genugtuung gegenüber deinem Ex-Partner, Selbstbewusstsein und eine Situation, aus der heraus du anderen Menschen helfen kannst. Doch wie schafft man den Weg zum Erfolg? Dies hängt zum einen mit der Umsetzung der eigenen Ziele zusammen, die dir folgenden Kapitel nahegebracht werden. Zum anderen hängt Erfolg davon ab, **wie** du dir deine Ziele setzt. Beides wird in diesem Kapitel thematisiert. Aber die wichtigste Lektion, um Ziele zu erreichen, hast du bereits im letzten Kapitel kennengelernt: Den inneren Dialog!

Selbstverwirklichung: Selbstbestimmtes Leben genießen

Der innere Dialog führt dich zu einem selbstbestimmten Leben, im Rahmen dessen du frei und unabhängig von Personen bist. Du lernst überhaupt erst, in dich hineinzuhorchen und Vorhaben anzupacken, die dir am Herzen liegen. Zwar ist es normal, die eigenen Bedürfnisse hin und wieder hinten anzustellen. Darauf kommt es beispielsweise an, wenn dein Partner mit dir gern auf das Konzert seines Lieblingssängers möchte, der ein letztes Mal vor dem Ende seiner musikalischen Karriere auftritt. Auch wenn dir die Musik nicht zusagt, so ist es doch nur das eine Konzert und im Gegenzug machst du deinen Partner sehr glücklich. Also: Lass es über dich ergehen. Vielleicht wirst du deinen Spaß haben, indem du andere Leute triffst oder dich über die Musik lustig machst.

Du dürftest diese Art des „Aufopferns" für den Partner kennen. Dies passiert hin und wieder und ist gelegentlich sogar notwendig. Wenn man gegenseitig solche Kompromisse eingeht und dafür den Partner glücklich macht, ist alles richtig.

Schließlich bedeutet Zusammenleben, auch die Unterschiede untereinander zu respektieren und sich gegenseitig die Zeit angenehm zu machen. Aber dies sind Kleinigkeiten ...

Problematischer wird es, wenn der Partner in große Entscheidungen deines Lebens eingreift, um deine Wünsche und Träume zugunsten seiner eigenen zu untergraben. Die letzte Beziehung ist zwar vorbei, aber Freunde, Familie und künftige Partner werden unter Umständen deine berufliche Laufbahn oder deine Lebensziele nach wie vor beeinflussen. Achte darauf, von heute an in erster Linie auf deine innere Stimme zu hören, so wie du es gelernt hast.

Freiheit und Unabhängigkeit von anderen Personen

Die Freiheit und Unabhängigkeit von anderen Personen bei der Planung und Gestaltung des Lebens hat allerdings ihre Grenzen. Folgende Verhaltensweisen solltest du vermeiden:

- Ratschläge direkt ablehnen und kein offenes Ohr zeigen
- Entscheidungen treffen, wenn die eigenen Ziele und Träume nicht mit denen anderer Personen kompatibel sind

Ein Zustand, in dem die Ratschläge von anderen ohne ein offenes Ohr abgelehnt werden, ist gefährlich. Grund dafür ist, dass manche Menschen für dich relevante Erfahrungen im Leben gemacht haben. So können sie dir den richtigen Weg weisen und dich von Fehlern abhalten. Achte deswegen darauf, mit wem du sprichst und wie diese Person ihre Meinung präsentiert. Gleiches gilt für Beziehungen: Ist der Partner in der Lage, seine Einstellung mit triftigen Argumenten zu untermauern, dann sind dessen Ratschläge willkommen. Ebenso ist es für dich wichtig, wenn du deinen Partner von etwas überzeugen möchtest, dass du Argumente hervorbringst und dabei nicht nur aus deiner Perspektive guckst. Dies fördert jede Beziehung, denn du erinnerst dich sicher noch an den ersten Schritt: Blickwinkel wechseln!

Besonders knifflig wird es jedoch in Situationen, in denen die Ziele und Träume zweier Personen nicht kompatibel sind. Nehmen wir das einfache Karrierebeispiel: Du bekommst einen Job in München als Designer angeboten und dein Partner einen Job in der Geschäftsleitung eines renommierten Unternehmens in Hamburg. Lohnt es sich, wenn eine Person den Karrieretraum zumindest vorübergehend für die andere aufopfert?

Es gibt schwere und leichte Entscheidungen zu treffen. Doch niemals darfst du deine eigenen Träume und Ziele ohne einen haltbaren Grund untergraben oder dich auf deinem Weg demotivieren lassen. Auch darfst du niemals komplett weghören ...

Freiheit und Unabhängigkeit von anderen, aber keine Sturheit!

Wenn die Taten und Pläne den eigenen Überzeugungen entsprechen

Im Werk *Die Bullet-Journal-Methode* (2018; Ryder Carroll) steht ein Zitat, welches in einem kurzen Satz treffend beschreibt, was es bedeutet, seine Ziele zu verfolgen:

> *„Ein zielgerichtetes Leben zu führen, bedeutet achtzugeben, dass unsere Taten unseren Überzeugungen entsprechen. Es geht darum, eine Geschichte zu schreiben, an die Sie persönlich glauben und auf die Sie persönlich stolz sein können."*

Dieses Zitat untermauert somit das, was dir das vorige Kapitel in Kombination mit diesem nahegebracht hat: Wenn die eigenen Taten den eigenen Überzeugungen – also den tiefsten in deinem Unterbewusstsein befindlichen Träumen und Wünschen – entsprechen, so ist ein zielgerichtetes Leben gegeben. Die Ziele kommen in diesem Sinne automatisch und sind richtig. Manchmal sind die Ziele zu ambitioniert oder es gibt derer zu viele auf einmal, doch die Richtung ist korrekt. Nutze deswegen die Gelegenheit, dem zu folgen, woran dir wirklich liegt.

Wie du dir die Ziele richtig setzt und sie umsetzt!

Eine kleine Schule zur Zielsetzung und -umsetzung:

1. Setze dir realistische und kleinschrittige Ziele!
2. Mache die Ziele messbar!
3. Führe dir deinen Fortschritt vor Augen!

Es geht gewiss noch ausführlicher, aber bereits mit diesen drei Regeln setzt du deine Ziele richtig und realisierst diese. Über allem steht dabei: Halte jeden dieser Schritte fest; dies ist die Methode der Visualisierung. Bilder und niedergeschriebene Fakten dringen eher ins Gehirn, als wenn du versuchst, viele verschiedene Ziele in Erinnerung zu behalten. Von einer interessanten Studie berichten Allan und Barabra Pease in ihrem Werk *Wie du kriegst, was du brauchst, wenn du weißt, was du willst* (2017):

Zunächst befragte Paul J. Meyer eine Gruppe Erwachsener zum Thema *Zielsetzung*. Nun weiter im Originaltext:

„Im Rahmen einer anderen US-Studie zum Thema Zielsetzen berichtete Paul J. Meyer, dass:
drei Prozent der US-Amerikaner präzise schriftliche iele und Pläne hatten,
zehn Prozent eine gute Vorstellung von ihren Lebenszielen hatten,
60 Prozent über ihre Ziele nachgedacht hatten, aber nur in Bezug auf ihre Finanzen,
27 Prozent sich wenig Gedanken über das Zielsetzen oder ihre Zukunft gemacht hatten.

Von den Studienteilnehmern berichtete Meyer:

Drei Prozent waren äußerst erfolgreich.
Zehn Prozent waren ziemlich wohlhabend.
60 Prozent verfügten nur über „bescheidene Mittel".
27 Prozent kamen trotz Sozialhilfe oder Almosen kaum über die Runden."

Die Ziele machen also den Erfolg. Ohne aus diesem Beispiel nun eine Kausalität zwischen der Niederschrift der Ziele und der Realisierung der Ziele zu schließen, ist es zumindest eine interessante Motivation, ein solches Praxisbeispiel aus einer Studie anbei zu haben, welches den Nutzen einer schriftlichen Erfassung der Ziele belegt. Noch eine kurze Erläuterung zu den drei Regeln:

1. Realistisch und kleinschrittig bedeutet, dass du alle Ziele beiseitelegst, die du mit deinen jetzigen Ressourcen nicht erreichen kannst. Die anderen Ziele wiederum fokussierst du im Rahmen deiner zeitlichen Möglichkeiten, indem du sie in kleine Schritte bzw. Etappen aufteilst. Jede erreichte Etappe ist eine Motivation auf dem Weg zum großen Ziel.
2. Messbar machst du deine Ziele, indem du die kleinen Etappen präzise und konkret formulierst. Nutze Daten und Fakten, damit du den Fortschritt deiner Ziele jederzeit überprüfen kannst.
3. Bereits die Niederschrift führt dir den Fortschritt vor Augen. Was allerdings noch größere Wirkung hat, ist die Visualisierung. Bringe deinen Fortschritt in Bildern oder Diagrammen zu Papier, um zu merken, dass du auf dem richtigen Weg bist, deine Ziele zu erreichen.

Wusstest du schon?

1954 gelang es Roger Bannister als erstem Menschen, eine Meile in weniger als vier Minuten zu laufen. Dies war zuvor niemandem gelungen und wurde allgemein hin für unmöglich gehalten. Bannister offenbarte als Instrument seines Erfolges die Visualisierung: Er habe sich bildlich immer wieder vorgestellt, wie er es schafft, die Meile in weniger als vier Minuten zu laufen und dabei die Ziellinie passiert. Erstaunlicherweise gelang es im selben Jahr sage und schreibe 26 weiteren Personen, die Meile in unter 4 Minuten zu laufen. Sie hatten gesehen, dass es möglich war und damit waren die mentalen Barrieren gebrochen.

Von Erfolg und Genugtuung: Wenn Rache süß und nicht böse ist

Wieso erhältst du diese Tipps zu Themen wie Erfolg und Zielsetzung, wo sie doch vordergründig nichts mit dem Prozess der Trennungsverarbeitung gemein haben? Tatsächlich haben sie alles mit der Verarbeitung der Trennung zu tun:

- Ziele geben dir einen Sinn, wenn nach dem Beziehungsaus alles sinnlos erscheint.
- Ziele führen dich zu Aktivitäten, bei denen du neue Menschen kennenlernst. (Vielleicht deinen neuen Partner?)
- Ziele machen dich erfolgreich und bringen dich somit dem Glücklichsein näher.
- Ziele demonstrieren, dass das Liebesglück nicht das einzige Glück auf der Welt ist.
- Ziele verschaffen dir Genugtuung, indem du anhand deines Potenzials merkst, dass du mehr wert bist, als dein Partner zu erkennen und wertzuschätzen bereit war.

Um die Lehre der Ziele in den Gesamtkontext des Buches einzugliedern, erhältst du folgende konkrete und praktisch umsetzbare Anleitung:

1. Fange mit der Analyse der Beziehung und Trennung an. Mache dabei Gebrauch von Ablassventilen und sei aktiv. Dies sind bereits die ersten umgesetzten Ziele.
2. Gestehe dir deinen Selbstwert ein und fördere deine Stärken, indem du hier entsprechende Ziele setzt oder an deinen Schwächen mit kleinschrittigen und realistischen Zielen arbeitest.
3. Schreibe dabei alles auf und bringe Ordnung in den Alltag.
4. Gehe auf Menschen zu und übe jeden Tag vor dem Spiegel und dann mit Vertrauten, ehe du mit Zielen, Selbstbewusstsein und Zuversicht den Weg in die Öffentlichkeit suchst.

5. Sorge dabei dafür, dass du dir Freiräume gönnst, in denen du in dich hineinhorchst und Körper sowie Geist verwöhnst.

Gleichgesinntheit als Grundlage für neue Beziehungen: Wartet hier der neue Partner auf dich?

Zwar ist es noch zu früh, über einen neuen Partner nachzudenken, aber die neuen Ziele helfen bei der Partnerfindung. Dabei geht es gar nicht darum, dies explizit als Ziel zu formulieren. Nein, vielmehr wird durch die neuen Ziele indirekt der Grundstein für eine neue Beziehung mit einem neuen, passenden Partner gelegt. Obendrein bereichern dich die Erfahrungen aus der letzten Beziehung sowie diesem Ratgeber so, dass die Partnerwahl adäquater erfolgt.

Wie ist das alles gemeint?

Es sei darauf hingewiesen, dass ein neuer Partner zu diesem Zeitpunkt noch verkehrt wäre: Du hast gerade erst eine Beziehung hinter dir. Diese gilt es zu verarbeiten. In diese Verarbeitung gliedern sich sachliche Analysen, Umgestaltung des Lebens und vieles mehr ein. Lässt du in diese Phase von Veränderungen – die noch relativ viel Ungewissheit beinhaltet – einen neuen Partner eintreten, riskierst du, noch verletzlicher als zuvor zu sein. Denn wenn du gerade erst dein Leben frisch gestaltet hast oder am Umgestalten bist, hast du dich auf einzelne Richtungen noch nicht festgelegt. Kommen hier die Einflüsse des Partners hinzu, so riskierst du, dass am Ende vieles gegen deinen eigentlichen Willen läuft und du es nicht bemerkst, da du so froh über die neue Partnerschaft bist.

Gehen wir nun auf einen weiteren wichtigen Punkt ein: Wie die neuen Ziele den Grundstein für eine gelungene neue Beziehung legen. Dies erfolgt auf einem indirekten Wege: Denn durch die neuen Ziele gelangst du in bestimmte Bekanntenkreise, sodass du auf eine Menge an Menschen triffst. Der Vorteil des Zeitvertreibs mit „gleichgesinnten" Menschen liegt darin verborgen, dass du Bekanntschaften mit Personen schließt, deren Interessen, Einstellungen und Grundüberzeugungen tendenziell am stärksten mit den deinen übereinstimmen. Ein Partner, der dir in den Zielen ähnelt, ist bereits eine gute Grundlage für den Erfolg der künftigen Beziehung. Wann diese kommt, sei dahingestellt ...

Rationalität einkehren lassen!

Was sich aus gemeinsamen Interessen und Zielen mit einem Partner ergibt, ist eine weitaus rationalere Partnerschaft. Es mag sein, dass die Liebe manchmal an die seltsamsten Stellen fällt. Siehe: „Wo die Liebe hinfällt ..." Doch diesen Spruch machen sich einige Menschen zu sehr zum Lebensmotto, indem sie sich in Partnerschaften hineinstürzen, die rein der Emotionalität entspringen und jeglicher Vernunft entbehren.

Nur, weil man zufällig ein gemeinsames Gesprächsthema hat und sich darüber blendend unterhält, ist nicht die Basis für Kompatibilität untereinander geschaffen – dem eventuellen starken ersten Eindruck und der möglichen „Liebe auf den ersten Blick" zum Trotz. Allein die Tatsache, dass man gemeinsam eine Fortbildung besucht, mehrmals zusammen lernt und sich gemeinsam ausgezeichnet über den Dozenten lustig macht, ist nicht Grund genug, um über die Unterschiede zwischen einander hinwegzublicken. Selbst wenn der jeweilige Partner einem zum ersten Mal das Gefühl gibt, für einen Menschen wichtig zu sein, garantiert dies nicht, dass er automatisch richtig für einen ist.

In all diesen Beispielen kann tatsächlich Liebe gegeben sein, aber das bedeutet nicht automatisch, dass die Beziehung richtig ist. Insofern muss der Mensch lernen, seinen Verstand einzuschalten und die Vernunft walten zu lassen. Metaphorisch ansprechend, wenn auch diskussionswürdig, schreibt es Thomas Meyer in seinem Werk *Trennt euch!* (2017) nieder:

> *„... Liebe lässt sich von Problemen nicht aufhalten, vermag diese aber auch nicht zu lösen. Sie ist zu vergleichen mit der Sonne, die immer wieder über Stalingrad aufging und das Gemetzel in wärmendes Licht tauchte, ohne es aber in irgendeiner Weise zu mindern."*

In diesem Sinne animiert Meyer – und dies sei dir als letzter Anreiz für zukünftige Beziehungsentscheidungen und Bekanntschaften mit auf den Weg gegeben – zu einer verstärkten Rationalität, die sich danach ausrichtet, inwiefern Kompatibilität und Wohlbefinden mit der jeweiligen Person gegeben sind. Kompatibilität meint dabei, inwiefern du mit deinem Partner in zentralen Aspekten wie Weltanschauung, Intelligenz, Lebenszielen und Zukunftswünschen übereinstimmst. Das Wohlbefinden wiederum meint, wie sehr ihr euch gegenseitig guttut. Dies meint nicht, ob ihr euch liebt. Denn lieben kann man sich, ohne sich gegenseitig gutzutun. Wohlbefinden zu empfinden meint stattdessen, ob und inwiefern die Verhaltensweisen, der gemeinsame Zeitvertreib und das vielzitierte Bauchgefühl bei beiden Personen positiv ausfallen.

Sollten diese Aspekte nicht gegeben sein, ist es ratsam, dass du dir dies – einer eventuellen Zuneigung zum Trotz – präzise vor Augen führst und dich darin übst, rationale Entscheidungen mit Bestand für die Zukunft zu treffen. So werden Beziehungen erfolgreich. Die Liebe in einer rational sinnvollen Beziehung wird wachsen. Die Liebe in einer rational weniger sinnvollen Beziehung hingegen wird tendenziell schrumpfen, wobei beide Personen eine weitaus glücklichere Zukunft mit anderen Partnern verpassen. Sofern du dich darin übst, rational zu entscheiden und in verschiedenen Bereichen des Lebens davon profitierst, wird dir dies auch im Kontext mit der Liebe leichter fallen.

Zusammenfassung: Mit selbstbestimmtem Leben und danach ausgerichteten Zielen den neuen Partner finden!

Die Zeit, einen neuen Partner zu finden, wird kommen. Dann wird mit ihm das persönliche Glück entscheidend und langfristig geprägt. Doch es eilt nicht ... Suche deswegen zunächst deine eigenen Ziele und lebe ein selbstbestimmtes Leben, im Rahmen dessen deine Ziele deinen innersten Wünschen und Träumen entsprechen. Lege Wert auf die Ratschläge anderer Menschen, aber entscheide letzten Endes immer selbst über deine Zukunft. Anhand der neuen Ziele und Taten erfährst du Erfüllung im Leben und kommst der erstrebenswerten Selbstverwirklichung näher. Lasse dich von deinen Träumen und Wünschen leiten und handle dementsprechend, dann ist der Grundstein dafür gelegt, dass du einen gleichermaßen orientierten Partner findest, der dich optimal ergänzt.

Schritt #6: Nachsicht – Irren ist menschlich, Vergeben ist göttlich!

Das Beziehungsende ist allem voran in der frühesten Phase durchsetzt von Schuldzuweisungen: An den Partner sowie an sich selbst; in Einzelfällen sogar an Personen in der Umgebung, die Einfluss auf die Beziehung nahmen. Dieses Kapitel wird dir den Weg zu der Erkenntnis weisen, dass die Suche nach der Schuld nicht zielführend, sondern verletzend ist. Sie lässt dich im Kummer verweilen und die Frage nach dem Grund für das Beziehungsaus wird komplett gegensätzlich zum lösungsorientierten Denken in deinem Kopf kreisen. Setze dem ein Ende, noch bevor es dazu kommt, indem du mit den Lehren dieses Kapitels verinnerlichst, dass dir und dem Partner mit dem Beziehungsaus das Geschenk gemacht wurde, das Leben entlang der persönlichen Bedürfnisse und Wünsche zu gestalten. Durch eine finale Aussprache schafft ihr beide euch zusätzliche Perspektiven und geht mit einem positiven Gefühl auseinander.

Kann jemand die Schuld am Beziehungsaus haben?

Schuldgefühle sind tatsächlich auf beiden Seiten möglich: Zum einen bei der Person, die die Beziehung beendet, und zum anderen bei der Person, die verlassen wird. Letztere bist du. Bisher hast du zwar gelernt, die Beziehung sachlich zu analysieren. Damit verbunden war ein objektiver Blick, bei dem du dich in die Lage des ehemaligen Partners hineinversetzt hast. Doch es lässt sich nicht leugnen, dass in den Folgekapiteln die Schuld doch ein Stück weit dem Ex zugewiesen wurde:

- Eigene Stärken sehen und beim Ex-Partner dafür die Schwächen wahrnehmen
- Die Zeit ohne die Macken und Nachteile des Partners

genießen
- Neue Ziele setzen und dem Ex-Partner beweisen, dass er sich in dir getäuscht hat

All dies waren dezente Schuldzuweisungen an den Partner im Stile: „Er konnte mich nicht wertschätzen und hat mich blockiert, weswegen ich nun meine Freiheiten nutze!" Diese Schritte waren notwendig. Denn ein Verarbeitungsprozess hat es an sich, dass auch das Stadium der Schuldzuweisungen durchlaufen werden muss. Es ist ein natürliches Stadium, welches dem Umstand geschuldet ist, dass bei einem Beziehungsaus die Frage „Warum?" auftritt. Doch dieses Kapitel setzt einen neuen Maßstab, der dich entscheidend voranbringt und dir die Natur von Beziehungen erklärt. Aber fangen wir klein an ...

„Schuld" ist, wenn überhaupt, ein gemeinsames Werk

Wollte man es sich ganz einfach machen, könnte man sagen, dass die Trennung durch diejenige Person verschuldet ist, die sich trennt. Sie spricht die bösen Worte aus, also ist es ihre Schuld. Dies ist womöglich der erste Gedanke, der frisch nach der Trennung die Person beschleicht, die verlassen wurde. Nach einiger Bedenkzeit wird jedoch klar, dass die Trennung einem Prozess geschuldet ist, der langsam, aber sicher Richtung Beziehungsaus steuerte.

Hinweis!

Fremdgehen ist ein Grund, eine Beziehung zu beenden. Hier erscheint es, als sei das Fremdgehen der einzige Anlass für eine Trennung, da es einen tiefen Keil in die Beziehung treibt. Allerdings ist sogar in diesem Fall der Grund in der gemeinsamen Beziehung zu suchen. Irgendetwas lief schief und wurde nicht besprochen.

Wir erkennen also, dass die Schuld stets auf beiden Seiten zu suchen ist. Auch Außenstehende, die einen Keil in die Beziehung treiben oder zu treiben versuchen, können eine Mitschuld haben. Zwar lässt sich über die These, dass die Schuld für die Trennung immer auf beiden Seiten liegt, streiten. Doch wenn du diese These annimmst, profitierst du in einem entscheidenden Punkt: Du legst den Hass bzw. die Wut auf den Partner ab. Denn wenn der Partner nicht allein die Schuld trägt, ist es nur allzu logisch, diesem mit positiveren Emotionen zu begegnen. So findest du Frieden und innere Ausgeglichenheit. Es fällt dir leichter, die Natur der Dinge und die Trennung an sich zu akzeptieren. Hass und Wut sind belastende Emotionen, die dich hemmen. Lasse sie raus, wie im ersten Schritt gelernt, aber mache die weiteren Schritte und höre auf, die Schuld bei einzelnen Menschen zu sehen. Ohne Schuldzuweisungen siehst du die Verantwortung mehr bei dir und gehst im Leben konstruktiv deine Ziele an.

Entlaste deinen ehemaligen Partner und die Menschen in deiner Umgebung

Lässt du die Schuldzuweisungen sein, wirst du ein lösungsorientierter Mensch. Dies entlastet neben dir insbesondere deinen ehemaligen Partner und die Menschen in deiner Umgebung. Denn bedenke: Der Partner sitzt möglicherweise in seinem stillen Kämmerlein beim Arbeiten, kuschelt mit seiner neuen Freundin oder feiert gerade exzessiv, wobei er direkt nach dem Beziehungsaus und ebenso in ferner Zukunft an dich denken wird. Selbst wenn er mit dir abgeschlossen hat, wird er an dich denken, da es Anlässe zur Erinnerung geben wird: Von gemeinsam besuchten Orten über gemeinsame Hobbys bis hin zu Witzen, die andere nicht verstehen, du aber verstanden hast. Er wird im Rahmen dieser Erinnerungen deinen Wert zu schätzen wissen und sich hier und da – sei es auch noch so unterbewusst – Sorgen machen, wie du dich fühlst. Seine Entscheidung wird in seinen Augen richtig sein und er wird höchstwahrscheinlich nicht von ihr abweichen, aber dennoch wird er sich in der Rolle des Trennenden fragen, wie es dir geht und ob er nicht doch hätte anders handeln sollen. Nimm ihm diese Last von den Schultern und zeige, dass es dir gut geht. Du kannst dein neues zielgerichtetes Leben dazu nutzen, mit deiner Frische und dem Erfolg deinem Partner das Gefühl zu geben, dass alles richtig ist und er keine Gewissensbisse haben muss. Denn mal im Ernst: Ist er aufgrund der Entscheidung zur Trennung ein böser Mensch? Nein. Erinnere dich an seine im Kern guten Eigenschaften, aber führe dir vor Augen, dass ihr aufgrund seiner und deiner Defizite schlichtweg auf lange Sicht nicht zueinander gepasst habt.

Deine Mitmenschen in der beruflichen, familiären und freundschaftlichen Umgebung werden ebenfalls entlastet, da du nicht meckerst, sondern Größe zeigst und nach vorn blickst. Beeindrucke dich selbst und zeige Nachsicht.

Den Sinn erkennen und das Geschenk begreifen

Tendenziell wird die Person, die sich trennt, gegenüber der Person, die verlassen wird, weniger Schuldgefühle haben und das Leben mit mehr Elan angehen. Was hat R.E.M. einst im Top-Hit *Leaving New York* (2004) gesungen ...?

„Leaving is easier than to be left behind."

Diese Aussage meint, es sei leichter zu gehen, als verlassen zu werden. Nachvollziehbar ist die Aussage dahingehend, als der Gehende ein Motiv hat. Und Motive bringen Motivation sowie Zielsetzungen, was zur positiven Lebensgestaltung führt. So hat der ehemalige Partner möglicherweise folgende Motivationen:

- Neue Liebe
- Karriere
- Mehr Zeit für sich
- Umsetzung der Hobbys
- Weltreise oder andere ausgefallenere Gründe

Offensichtlich sind es vereinzelt sogar Dinge, die zunächst nicht wie haltbare Gründe für eine Trennung erscheinen. Aber tatsächlich sind sie haltbar ...

Den Sinn erkennen und ...

Hättest du die Motive, eine Trennung durchzuführen, dann würdest du unter Umständen ebenfalls eine Trennung forcieren. Der einzige Unterschied, weswegen du unter Liebeskummer leidest und dein Ex-Partner nicht, sind die Motive sowie deren Ausmaß. Der Ex hat sie, du hast sie nicht.

Dieser Ratgeber hat dir bis dato geholfen, dein Leben neu zu ordnen, deinen Selbstwert zu erkennen und dir neue Ziele zu setzen. Auf diesem Wege schaffst du dir Motive. Je stärker diese ausgeprägt sind, umso mehr wirst du einen Sinn in dem Beziehungsende erkennen. Mit dem Sinn geht eine absolute Akzeptanz einher und noch vielmehr wirst du ...

... das Geschenk begreifen

Stelle dir vor, du würdest dein Leben lang in die falsche Richtung gehen und dir etwas vorlügen. Am Ende stehst du vor dem Spiegel, blickst hinein und erkennst, dass du unglücklich bist, weil das, was du getan hast, nicht deinen Überzeugungen entsprach. Ein bitteres Szenario, das für einige Menschen auf der Welt zur traurigen Realität wird ... Einigen Menschen ist es aufgrund von Krankheiten oder Armut sogar unmöglich, aus diesem Szenario auszubrechen und die Träume zu verwirklichen. Bestimmte Kulturen auf der Welt lassen nicht mal Raum für Scheidungen oder Trennungen und ketten einen Menschen das Leben lang an eine einzige Lüge. Im Vergleich dazu hast du ein Geschenk erhalten; nämlich das Geschenk, frei entscheiden zu dürfen und selbstbestimmt zu leben. Vor allem hat dir das Beziehungsende die Einsicht eröffnet, dass du und dein Ex-Partner bisher auf dem falschen Weg wart. Diese Erkenntnis kommt besser früh als spät. Du bist dankenswerterweise an einem Punkt, an dem du erkannt hast, ...

- woran du arbeiten musst.
- dass du mit Rückschlägen klarkommst.
- dass die bisherige Beziehung nicht ewig halten sollte und auf dich noch wunderbare Erfahrungen und Eindrücke an anderen Stellen warten.

Einige Personen würden für diese Erfahrung bzw. Erkenntnis vieles geben, aber du hast sie dank der Beziehung und deinem ehemaligen Partner erhalten.

Direkt oder indirekt auf die Person zugehen

Mit den Einsichten dieses Kapitels schließt du mit dem Kapitel *Liebeskummer überwinden* idealerweise ab. Wenn nicht, dann lässt du die Dinge solange sacken, wie du es persönlich für die Verarbeitung brauchst. Gehe dabei den Empfehlungen der bisherigen Schritte nach, damit es dir leichter fällt. Irgendwann wird jedoch der Zeitpunkt kommen, an dem die Zeit reif sein wird, um auf deinen Ex-Partner zuzugehen. Dies kann sowohl direkt als auch indirekt erfolgen: Direkt erfolgt es, wenn du dich mit ihm aussprichst. Dieser Vorgang ist telefonisch oder per Chat möglich, bestenfalls findet er von Angesicht zu Angesicht statt. Indirekt gehst du auf die Person zu, wenn du dir in Gedanken eingestehst und davon überzeugt bist, dass die Schuld für das Beziehungsende bei euch beiden liegt und das Beziehungsaus ein positives Zeichen dafür war, einen neuen Lebensabschnitt zu beginnen. Es handelt sich also um die Erkenntnis, die du bis jetzt gemacht hast, sofern du dem Ratgeber gefolgt bist. Gelingt es dir noch nicht, indirekt auf den Ex-Partner zuzugehen, dann wird dies mit der Zeit kommen, je mehr du die Ratschläge in diesem Buch verfolgst.

Sofern du die Möglichkeit dazu hast und der Partner die Bereitschaft, ist es Balsam für beide Seelen, sich nach dem Beziehungsaus, sobald „Gras über die Sache gewachsen ist", miteinander auszusprechen. Hier geht man aufeinander zu. Unter Umständen lässt sich die Beziehung als Freundschaft fortsetzen. Und ohne darauf zu wetten, kommt es vielleicht zum Liebes-Comeback. Dieses Liebes-Comeback darf nie das primäre Ziel sein, da es deine Zielsetzungen verfälschen würde und auch deine sonstigen Bemühungen unter dem Vorwand, den ehemaligen Partner zurückzugewinnen, stattfänden. Ein Liebes-Comeback ist, wenn überhaupt, die natürliche Folge dessen, dass beide Partner an sich arbeiten, sich besser miteinander verständigen und triftige Anhaltspunkte für eine Wiederaufnahme der Beziehung erhalten.

Im schlimmsten Fall – und dieser Fall wäre insgesamt dennoch als positiv zu bewerten – zeigte ein Aussprechen bzw. das Zugehen aufeinander, dass nach dem Beziehungsaus kein Interesse mehr besteht, freundschaftlich in Kontakt zu bleiben. Doch dann erfolgte immerhin eine Aussprache, die positive letzte Worte beinhaltete. So findet das gesamte Beziehungsaus samt Verarbeitungsprozess einen Abschluss auf einem hohen menschlichen Niveau. Daraufhin gehen beide Parteien getrennte Wege in einem zielgerichteten und selbstbestimmten Leben.

Zusammenfassung: Nachsicht und Vergebung schaffen Vollkommenheit!

Negative Emotionen belasten. Der gesamte Verarbeitungsprozess fördert die persönliche Charakterentwicklung zu und schafft Raum, um von Schuldzuweisungen Abstand zu nehmen und das große Ganze zu betrachten: Die Liebe stand einfach unter keinem guten Stern. Verantwortlich dafür ist weder der Verlassene noch der, der verlässt, sondern das Zusammenspiel zwischen beiden. Möglichst früh zu dieser Erkenntnis zu kommen, ist ein Geschenk. Auf diesem Wege wird das Leben in die richtige Richtung manövriert, wobei „richtig" meint: Den eigenen Interessen und Träumen entsprechend. Mit dieser Erfahrung gehst du schließlich indirekt oder durch eine persönliche Aussprache direkt auf deinen Ex-Partner zu. Dies verschafft deinem gesamten Verarbeitungsprozess eine Vollkommenheit, im Rahmen derer du merkst, dass du stets Motive haben wirst, ein glückliches Leben zu leben – mit oder ohne Partner.

Schritt #7: Glücklichsein – Wie du jeden Moment bewusst wahrnimmst!

Das letzte Kapitel sieht die finale Erkenntnis vor, dass alles, was du zum Glücklichsein brauchst, jederzeit direkt in dir ist. Dabei ist das, was uns glücklich macht, stets die Wahrnehmung dessen, was um uns herum geschieht, wie wir involviert sind und was es für uns bedeutet. Kurzum: Die Wahrnehmung der gesamten Situation entscheidet, ob wir uns glücklich fühlen oder nicht! Doch der absolute Fokus auf die Situation und die Wahrnehmung der kleinen Freuden des Lebens kommt dem Menschen heutzutage häufig abhanden. Wie du bereits mit einfachsten Maßnahmen das Glück im Augenblick findest, bringt dir dieses Kapitel nahe.

Was macht uns glücklich?

„Das Glück ist schon da. Es ist in uns. Wir haben es nur vergessen und müssen uns daran erinnern."

Sokrates

Wie kann es sein, dass ein Mensch, der soeben noch ärgste Geld- und Existenznöte verspürte, dessen Auto gepfändet wurde und der durch die Arbeit gestresst ist, plötzlich mit leuchtenden Augen lachen muss, weil sein Sohn und seine Frau herumalbern. In diesem einen Moment interessiert ihn nichts anderes. Er beherrscht die Kunst des Ausblendens, des Verweilens im Hier und Jetzt, nimmt das Glück des Augenblicks wahr. Dies ist eine Kunst, lernen wir doch in der heutigen Zeit nicht mal ansatzweise zu entschleunigen, sondern eher zu beschleunigen. Doch genau das ist das Falsche ...

Wenn Freunde und Freundinnen zu dir kommen und dir sagen, dass du auf andere Gedanken kommen musst, dann nehmen sie dich mit in eine andere Welt und lassen dich einen anderen Augenblick wahrnehmen – einen Augenblick in bester Gesellschaft. Gehe auf dieses Angebot ein.

Wenn dir dieser Ratgeber sagt, du sollst in dich hineinhorchen und dir an jedem Abend Zeit nehmen, deine neuen Ziele zu reflektieren, dich den Zielen zu widmen, dann begibst du dich auf einen Weg voller neuer Eindrücke. Gehe auf dieses Angebot ein.

Wenn es heißt, dass du dir Zeit für Wellness und Verwöhnung nehmen sollst, dann dient dies dazu, um die Kunst des Verweilens sowie Genießens des Augenblicks zu erlernen. Gehe auf dieses Angebot ein.

Ziele geben dir einen Sinn und sorgen dafür, dass du dich selbst verwirklichst. Doch der Weg zu diesen Zielen ist ebenso von Problemen und Herausforderungen begleitet. Sie verhelfen dir auf diesem Wege zwar auch zum Glücklichsein, aber damit du wahrlich Glück empfindest, ist es unabdingbar, dass du jeden Augenblick des Tages bewusst erlebst: Den Stress, der sich nicht verhindern lässt. Den Witz, der sich in den Tag hineinschleicht. Die Erkenntnis, die du über den Tag verteilt sammelst. Und das Glück, dem du so viel Platz wie möglich einräumst, weil du jeden freien Moment nutzt, um es wahrzunehmen.

Anlässe zum Glück gibt es genug. Denn es geschieht immer etwas um uns herum. Wenn nicht gerade bei dir, dann lachen sich gerade ein paar Personen über einen Witz schlapp oder es herzen sich zwei Senioren, die auch nach 40 Jahren gemeinsamer Ehe noch Liebe und tiefe Zuneigung zueinander verspüren. Es umgibt dich überall, das Glück. Nur weil die Titelseiten der Zeitungen größtenteils negative Nachrichten zeigen und die Politik Probleme zum Vorschein bringt, bedeutet es nicht, dass du dich davon beeindrucken lassen musst. Sieh die Probleme und arbeite an dir, aber nimm das Glück war, das dich umgibt und das du genießen darfst.

Alles hat seine Zeit

„Ein jegliches hat seine Zeit, und alles Vorhaben unter dem Himmel hat seine Stunde:

geboren werden hat seine Zeit, sterben hat seine Zeit;
pflanzen hat seine Zeit, ausreißen, was gepflanzt ist, hat seine Zeit;
töten hat seine Zeit, heilen hat seine Zeit; abbrechen hat seine Zeit, bauen hat seine Zeit;
weinen hat seine Zeit, lachen hat seine Zeit; klagen hat seine Zeit, tanzen hat seine Zeit;
Steine wegwerfen hat seine Zeit, Steine sammeln hat seine Zeit;
herzen hat seine Zeit, aufhören zu herzen hat seine Zeit;
suchen hat seine Zeit, verlieren hat seine Zeit; behalten hat seine Zeit, wegwerfen hat seine Zeit;
zerreißen hat seine Zeit, zunähen hat seine Zeit; schweigen hat seine Zeit, reden hat seine Zeit;
lieben hat seine Zeit, hassen hat seine Zeit; Streit hat seine Zeit, Friede hat seine Zeit."

Lutherbibel (1984), Prediger 3.1 – 3.8

Man muss nicht gläubig sein, um den zitierten Versen zumindest eine grundlegende Berechtigung zu attestieren. Du bist bereits einige Erfahrungen durchlaufen und am Ende des Lebens werden die zitierten Verse eine der wenigen Erkenntnisse sein, die immer korrekt sein werden. Anbei die Quintessenz: Alles hat seine Zeit.

Als Kind fiel es dir noch schwer, Dinge zu akzeptieren, die du als junger Erwachsener für selbstverständlich empfandest. Als junger Erwachsener fiel es dir schwer, Dinge zu akzeptieren, die mit Mitte 30 zum natürlichen Bestandteil des Lebens und zu einer Gewissheit wurden. Und so setzt sich die Liste fort bis zum Greisenalter.

Die Bibel zu verstehen und sie zu einem Teil des Lebens zu machen, ist keine Glaubensfrage. Vielmehr ist es eine Frage der eigenen Bereitschaft, die Wahrheit hinter den Passagen zu erkennen und selbst daraus zu lernen. Du hast deinen Partner geherzt, doch irgendwann kam die Zeit des Aufhörens zu herzen. Nun ist die Zeit des Suchens gekommen. Und wenn du Glück hast, dann findest du einen Partner, mit dem du bis an dein Lebensende zusammen sein wirst. Doch auch dann wird

Streit unausweichlich sein, ehe wieder Friede in der Beziehung einkehrt oder der Hass die Beziehung beendet. Sollte dies der Fall sein, dann wirst du in deinem Leben einen anderen Sinn entdecken. So wird vielleicht das Tanzen seine Zeit erhalten, im Rahmen dessen du erneut einen Partner findest, der wiederum der Partner für die Ewigkeit sein wird.

Doch wer weiß das schon?

Um nun den Atheisten gerecht zu werden: Nicht Gottes Wege sind unergründlich, sondern des Lebens Wege sind unergründlich. Dies führt ohne Umschweife zur anderen wichtigen Erkenntnis.

Gutes zu tun, bedeutet, Gutes zu empfangen

„Man mühe sich ab, wie man will, so hat man keinen Gewinn davon.
Ich sah die Arbeit, die Gott den Menschen gegeben hat, dass sie sich damit plagen.
Er hat alles schön gemacht zu seiner Zeit, auch hat er die Ewigkeit in ihr Herz gelegt; nur dass der Mensch nicht ergründen kann das Werk, das Gott tut, weder Anfang noch Ende.
Da merkte ich, dass es nichts Besseres dabei gibt als fröhlich sein und sich gütlich tun in seinem Leben.
Denn ein Mensch, der da isst und trinkt und hat guten Mut bei all seinem Mühen, das ist eine Gabe Gottes."

Lutherbibel (1984), Prediger 3.9 - 3.13

Am Ende bleibt nichts anderes übrig, als sich mit dem abzufinden, was gerade besteht, und das Beste daraus zu machen - mit guten Absichten dahinter. „Wer Gutes tut, wird Gutes empfangen", so lässt sich schlussendlich folgern. Was dabei als „gut" zu verstehen ist, definiert dabei die Bibel in ihrem vollen Umfang, wobei das Neue Testament das alte ablöste und somit die Anleitung für ein gutes Leben ist. Bei andersgläubigen Menschen sind es wiederum deren religiöse Werke, die das Gute von dem Bösen unterscheiden.

Was definiert für Atheisten den Begriff „gut"?

Es sind Gesetze, ethische Normen und die allgemeinen Verhaltensweisen, die in Freundes-, Bekannten- und Arbeitskreisen verlauten. Halte dich daran und lebe ein Leben, in welchem du dich selbst verwirklichst, aber auch bereit bist, ein Stück von deinem Kuchen abzugeben. Denn Personen werden es zu schätzen wissen, dass du mit ihnen teilst. Man versteht dies auch unter dem Begriff *Karma*. Was man anderen tut oder nach außen in die Welt gibt, kommt zu einem selbst zurück. Es lässt sich sogar auf logischer Ebene erkennen, da du je mehr Gutes du vollbringst, ein umso reineres Gewissen haben wirst. Dieses Gewissen wird dich stolz und ohne Sorgen um eventuelle Skandale oder Schandtaten erhobenen Hauptes durch die Welt marschieren lassen. Und was gibt es schöneres, als im Kopf frei zu sein und damit die besten Voraussetzungen zu haben, um anderen Menschen zu helfen und sich somit ein Netzwerk aufzubauen, welches von Gleichgesinnten nur so gefüllt ist und einen immer wieder auffängt, wenn mal Bedarf dazu besteht?

Gebe deine Lehren aus diesem Ratgeber weiter. Sei auch für deinen Ex-Partner eine Hilfe, wenn er darauf angewiesen ist. Alles hat seine Zeit. Aber du bist imstande zu beeinflussen, in welche Richtung sich die Dinge entwickeln. Du musst lediglich gut handeln.

Zusammenfassung: Den Moment bewusst wahrnehmen und einfach Gutes tun!

Alles, was passiert, hat seine Zeit. Ob dies Gottes Verheißung ist oder aber die Konsequenz der Entscheidungen, die wir treffen, sei dahingestellt. Fakt ist, dass dem Menschen letzten Endes nichts anderes bleibt, als Entscheidungen zu treffen und auf deren Basis zu handeln. Dabei ist nichts wichtiger als ein reines Gewissen, welches daraus resultiert, dass man nichts macht, was anderen schadet oder weswegen man später Probleme bekommen könnte. Mit der guten Absicht im Hinterkopf ist die Wahrscheinlichkeit für negative Gedanken verschwindend gering, was dafür sorgt, dass du konzentriert durch den Tag schreitest und deine Ziele mit maximaler Hingabe, ohne zu bereuen und abgelenkt zu sein, verfolgen kannst. Dies gewährleistet, dass du jeden Moment für dich wahrnimmst und dir des Glücks bewusst wirst, den jeder Augenblick bereit hält. Egal, ob nach der Trennung, nach einem finanziellen Rückschlag oder nach anderen Ereignissen unter einem schlechten Stern: Es gibt genug Momente, die Positives bereithalten. Nimm diese wahr, und du wirst jede Lebenskrise mit einer positiven Einstellung meistern.

Schlusswort

Dieser Ratgeber versteht sich nicht nur als bloße Anleitung für ein Leben ohne Liebeskummer, sondern als eine All-in-One-Anleitung für das Glücklichsein im gesamten Leben. Mit den Erkenntnissen und Schritten hast du gelernt, ...

- Geschehnisse zu akzeptieren und deinen Weg zu gehen.
- dich selbst zu verwirklichen und darin einen Antrieb zu finden, der jedem Liebeskummer entgegenwirkt.
- Neuem offen zu begegnen.
- Nachsicht zu zeigen, um dir und deinen Nächsten eine innere Ruhe zu bringen.
- dir regelmäßig Auszeiten zu gönnen und dich zu verwöhnen.

Dies sind nur im Groben die wichtigsten Erkenntnisse. All dies sind Faktoren, die die Entwicklung der Akzeptanz der Trennung und einer neuen Lebensqualität fördern. So wirst du wieder glücklich!

Sei sachlich und nutze deine Fähigkeit, dich emotional flexibler in der Interaktion mit Mitmenschen zu zeigen. Auf diesem Wege werden Streitereien zu einer seltenen Erscheinung und der allgemeine Zugangston offener sowie produktiver. Dies wird dir bei jeder neuen Beziehung helfen - ob beruflicher, freundschaftlicher oder anderweitiger Natur. Erkenne in jedem Geschehnis dessen Sinn. Werte negative Ereignisse nicht als Angriff auf dich oder deine Lebensweise. Das Glück liegt in so vielen Augenblicken um dich herum, wenn du ihm nur die Aufmerksamkeit entgegenbringst. So wirst du - falls dies dein Ziel ist - einen neuen Partner finden, nachdem du die Trennung verarbeitet hast, und eine schöne Zeit mit ihm erleben. Vielleicht gibt es sogar ein Liebescomeback mit deinem Ex-Partner ...

Aber wer weiß das schon?

Denn das Leben spielt uns so manch einen Streich und hält für uns so manch eine Überraschung bereit. Wir sollten deswegen nicht Altem nachtrauern. Vielmehr sind die neuen Chancen dankbar wahrzunehmen, zu genießen und zu nutzen.

Viel Erfolg auf deinem Weg zu diesem noblen Ziel!

Quellenverzeichnis

Literatur-Quellen:

Kästele, G.: *Und plötzlich wieder Single – Eine Trennung bewältigen und neue Perspektiven entwickeln.* München: Kösel-Verlag, 2011.

Meyer, T.: *Trennt euch!* Zürich: Salis Verlag AG, 2017.

Pease, A.; Pease, B.: *Wie du kriegst, was du brauchst, wenn du weißt, was du willst.* Berlin: ullstein Verlag, 2017.

Online-Quellen:

https://core.ac.uk/download/pdf/25894060.pdf

https://www.welt.de/wissenschaft/article1060018/Warum-man-seine-Jugendliebe-nie-vergisst.html

https://www.parship.de/ratgeber/loslassen/trennung-verarbeiten/

https://www.beziehungsweise-magazin.de/ratgeber/kommunikation-konflikte/so-sehr-leiden-maenner-nach-einer-trennung/

https://alterix.de/gesundheit/demenz/umweltpassung-der-weg-zum-umgang-mit-herausforderndem-verhalten-107.html

https://www.transaktionsanalyse-online.de/

https://www.geo.de/magazine/geo-wissen/19942-rtkl-beziehungsende-wie-sie-eine-trennung-am-besten-verarbeiten

http://othes.univie.ac.at/8454/1/2010-01-24_0402611.pdf

Printed in Poland
by Amazon Fulfillment
Poland Sp. z o.o., Wrocław

19293834R00071